DE LA CĂPUȘĂ LA CĂTUȘĂ

CAUZE — EFECTE — FORȚE COERCITIVE PENTRU PROSPERITATE CU DEMNITATE

O carte de Dumitru Prichici

Lt. Col. (r) Dumitru Prichici

DUMITRU PRICHICI

DE LA CĂPUȘĂ LA CĂTUȘĂ

CAUZE — EFECTE — FORȚE COERCITIVE
PENTRU PROSPERITATE CU DEMNITATE

ZENITH TRADING CONSULT

Această carte se publică în format digital şi tipărit.

Ilustraţia copertei este preluată din revista All Story Magazine (cca. 1913).
Coperta: William Glader

ISBN-13: 978-1512395099 (CreateSpace)
ISBN-10: 1512395099

Editura ZENITH TRADING CONSULT aparţine societăţii comerciale ZENITH TRADING CONSULT SRL.

Pentru a procura cartea, inclusiv în vederea difuzării, vă rugăm să trimiteţi un mesaj la zenith@zenithtrading.ro.

www.ZenithTrading.ro

PREFAȚĂ

Pentru a fi înțeles scopul acestei lucrări, mă simt obligat să prezint definiția din DEX a termenului *politician* – pentru cei mai puțin avizați.

Astfel, „*politician* reprezintă persoana care face din politică un mijloc abil și demagogic de realizare a intereselor personale", fapt ce ne determină să înțelegem adevărata cauză a stării de criză generalizată din România, în ultimii 20 ani

Subiectele principale în discuție în această lucrare vor fi politicienii din România, cei care au adus Națiunea română, prin activitățile lor cu sau fără premeditare într-o stare de sărăcie materială, morală și spirituală, cum nu a mai fost din timpul năvălirilor barbare, distrugând rolul bisericilor creștine, dovezile istorice și istoria neamului nostru românesc, artele, cultura și educația a câtorva generații, cercetarea științifică motorul economiei naționale, întreaga industrie, agricultura, mediul înconjurător, imaginea țării noastre în lume, singura speranță a românilor a rămas armata română și tinerii români din țară și de peste mări și țări, ca ultima redută.

Pentru schimbarea modului de viață a românilor, într-o viață prosperă cu demnitate, suntem datori să știm cine sunt romanii, izvoarele nesecate ale istoriei noastre, care ne vor călăuzi în viitorul apropiat, în ziua în care uniți toți românii vor fi hotărâți să muncească, să trăiască în prosperitate cu demnitate, acesta este crezul nostru moștenit de la străbuni, recunoscut de marii oameni de cultură și știință din lume.

AUTORUL

BORNE ALE ROMÂNITĂȚII NOASTRE

Argumente grăitoare ale unor savanți, cărturari și istorici, privind originea noastră, a românilor, limbii române și teritoriului României.

1. Carpații sunt într-o regiune a lumii în care se situa odinioară centrul celei mai vechi culturi cunoscute în ziua de azi.

(Daniel Ruzo – savant peruvin)

2. Fiți voi înșivă, nu imitați pe nimeni. Aveți sub picioarele voastre izvoare de apă vie.

Nu invidiați popoarele bătrâne, ci priviți-l pe al vostru. Cu cât mai adânc veți săpa, cu atât veți vedea țâșnind mai mult viața.

(Jules Michelet – cărturar francez)

3. În fond, ideea romanității în viziunea ei evolutiva ni se prezintă ca un arbore gigantic al cărui trunchi îl constituie tradiția autohtonă a romanității, conștiința poporului roman despre romanitate. Ramurile sale reprezintă, desigur, tradițiile înfățișate mai sus, rămurelele și frunzele fiind diferitele mărturii asupra romanității romanilor.

Din arborele romanității romanilor cunoaștem cel mai bine trunchiul; nu este exclus ca cercetări viitoare să descopere existența unor noi ramuri; cu siguranță putem afirma că numeroase frunze ale acestui arbore ne-au rămas necunoscute.

(Adolf Armbruster – Romanitatea romanilor)

4. Limba română arata caracterele romanice, ba încă le arată în unele privințe mai curate decât celelalte limbi romanice. Limba poporului român prezintă în chipul cel mai netulburat dezvoltarea de la graiul latin spre cel romanic.

(W. Meyer-Lübke, Rumänische und Romanisch)

5. Când primise titlul de împărat el [Galerius] a declarat că este dușmanul numelui de roman și că vrea titulatura Imperiului Roman cu

aceea de Imperiu Dacic. Căci aproape toți însoțitorii din suita sa erau din neamul acelora... Având în jurul lui astfel de însoțitori și apărători, el și-a bătut joc de tot Orientul.

(Lactantiu, De mortibus persecutorum)

6. Ce stranie este tenacitatea cu care oamenii aceștia [aromânii] adera la limba și obiceiurile rasei din care fac parte! Deși s-au scurs multe secole de când acești oameni îndura sclavia numeroșilor tirani, totuși sunt în stare să se întrețină cu un străin în temerara și pitoreasca limba a Romei antice.

(Edmund Spencer, Travels în European Turkey)

7. Acest sentiment puternic de a trăi și de a muri pentru naționalitatea lor l-au exteriorizat și l-au consfințit cu numele de roman; și unde este puterea care să le poată lua această naționalitate, unde se afla dreptul care ar putea să le-o conteste?

(Ștefan Ludwig Rooth, 1848)

8. Astfel astăzi moldovenii, muntenii, valahii transalpini, mysienii, basarabenii și epiroții se numesc pe sine cu toții cu un nume cuprinzător nu „valahi" ci „români" iar limbii lor neaoșe îi spun „română".

(Dimitrie Cantemir, Historia Moldo-Valahica).

9. Dacii sau Geții, locuiau acest pământ cu optsprezece veacuri înainte de Hristos. Istoria nu le cunoaște altă patrie decât aceea în care trăiesc și astăzi urmașii lor. „Noi suntem de aici", în timp ce toți vecinii noștri au venit mult mai târziu în țările pe care le ocupa acuma. Dar nu-i numai vechimea. Dacii sau Geții au fost și un popor de elită al antichității, pomenit cu laude chiar de la început de către „părintele istoriei", Herodot. Religia dacă, a fost întotdeauna un prilej de admirație pentru scriitorii lumei greco-romane, vitejia și disprețul față de moarte al Dacilor, de asemenea.

Suntem apoi cel mai vechi popor creștin din sud-estul European. Toți vecinii noștri, dar absolute toți, au fost creștinați mult în urma noastră.

Suntem, în sfârșit, singurul popor în această parte a Europei care a izbutit să aibă o viață politică fără întrerupere, de la întemeierea statului până astăzi.

Bulgarii, Sârbii, Ungurii, chiar și Polonii au discontinuități în viața lor de stat, unele de o jumătate de mileniu, noi însă nu. Față de aceste fapte și de o sumă altele care se vor vedea mai departe, sentimentul de mândrie națională și de absolută încredere în viitorul poporului și statului nostrum e cu totul natural. Doresc tinerilor mei cititori că, pătrunși de acest sentiment, să închine munca, disciplina și credința lor, intarirei și propasirei patriei.

(Constantin C. Giurescu, profesor de ISTORIE A ROMÂNILOR la Universitatea din București)

Acest pasaj face parte din manualul de „ISTORIA ROMÂNILOR" pentru clasa a VIII-a secundară, a XII-a în prezent, ediție tipărită în 1939 și reeditata la 110 ani de la nașterea Profesorului Constantin C. Giurescu, cu sprijinul academicianului Dinu C. Giurescu, vicepreședinte al Academiei Române.*

Personal consider acest manual de istorie o valoare documentară unică și inestimabilă, o bogăție, atât ca documente istorice prezentate, cât și spiritual, de ridicare morală a întregii națiuni române.

Am fost lipsiți câteva decenii de această hrană spirituală, ascunsă cu premeditare de unii politicieni, pentru a nu trezi în rândul elevilor, liceenilor, studenților, dragostea profund patriotică, spiritual de mândrie și onoare de români neaoși, recunoscuți ca eminenți specialiști în SUA și nu numai, dar și ca mesageri ai limbii române, fiind în unele companii americane a doua limbă vorbită după limba engleză.

Propunerea legislativă anexată (la Art. 3, litera m) din LNSR, prevede:

„Nerecunoașterea sau interzicerea predării istoriei și limbii române ca limbă oficială, în toate școlile, inclusiv în cele care respectă programa învățământului minorităților naționale din România, constituie atentat la siguranța națională a României și se pedepsește conform legii."

* *Mulțumesc pe această cale Domnului Academician Dinu C. Giurescu, pentru curajul de a înfrunta pe toți acei care au uneltit și au reușit să elimine din programa de învățământ a elevilor școlilor elementare, liceale și din universități această importantă materi de cultură politică generală a românilor, reeditând manualul aprobat, tipărit în 20 februarie 1939 și predat în școli până în 1944, anul impunerii comunismului în România. (Autorul)*

CUVÂNT ÎNAINTE

Această pravilă – sau carte de se va numi – cuprinde istoricul nelegiu-irilor săvârșite împotriva românilor și României, între anii 1989–2015 și propunerea privind o nouă Lege a Siguranței Naționale și a Serviciilor de Informații, legi naturale, firești, ca unice soluții pașnice de schimbare a imaginii României în lume, în bine, pentru „prosperitate cu demnitate".

Mă adresez românilor de pretutindeni pe această cale, unică prin comunicarea necenzurată a unei lucrări, fără pretenții de a fi științifică, unică prin gravitatea temei abordate, privind faptele politicienilor VEROȘI, dornici de putere și îmbogățire fără muncă, unică prin metodele, mijloacele, scopurile și pagubele produse și dovedite fără putință de tăgadă, din domeniul economic, financiar-bancar în special, jefuind România ca pe un sat fără câini.

Dovezile prezentate sunt doar câteva din motivele ce stau la baza unicului „proiect de lege" publicat în 1999 în ziarul Evenimentul Zilei (anexat) și depus în Parlamentul României în anul 2002 (anexat) și la prezenta lucrare, cerut în mod imperios, repetat, de cele mai importante Foruri Europene, fără ecou din partea Guvernelor și Parlamentelor ce s-au perindat la conducerea României, dovedite de „Comunicatul CSAT din 24.07 2006" (anexat), fără răspuns până în anul 2015.

Proiectul transmis Parlamentului, CSAT-ului, Guvernului și SRI-ului, a fost acceptat în anul 2010 de cele mai importante instituții ale statului român, ca o reală sursă în procesul de actualizare a pachetului legislativ, în timp ce politicienii amintiți îl tratau ca un real pericol în activitățile lor, afirmând că este „bun", dar nu se mai poate „fura" și au continuat să fure sub privirile ignoranților.

În prezent, mulți dintre acești politicieni și tăinuitori sunt în închisori sau în anchete, fapt ce obligă instituții abilitate, precum și cetățeni români, ignoranți, să trateze cu maximă răspundere definiția clară academică a termenului „POLITICIENI", care a adus națiunea română în ultimii 25 de ani într-o stare morală și materială de sărăcie îngrijorătoare.

Poporul român este suveran, după cum precizează Art. 2(1) din Constituția României, are dreptul la cuvânt pe strămoșescul pământ, are dreptul să trăiască în liniște, uniți, în pace și prosperitate pe aceste meleaguri, are dreptul să fie condus de buni romani, creștini cu frică de Dumnezeu, fără revoluții inter-etnice, fără scenarii cu terorişti, fără politicieni și guvernanți arivişti, având de partea lui argumente grăitoare a unor savanți, cărturari și istorici renumiți, precum și propunerile anexate pentru ieșire din această criză.

Starea de spirit morală și materială degradată înainte și după decembrie 1989, a pus stăpânire pe întreaga națiune română și nu poate fi schimbată fără unirea românilor în cuget și simțiri, în gândirea și dragostea față de neam și țară, înarmați cu o temeinică cunoaștere a prevederilor celor 5 instituții, ca stâlpi de susținere a societății românești civilizate, ce se regăsesc în paginile acestei expuneri considerate vitale pentru România.

Personal, ca membru al Grupului de sprijin al PNȚCD, am primit în vara anului 1995 din partea celui care a fost Corneliu Coposu, urmașul credincios al lui Iuliu Maniu, misiunea de onoare de a realiza pentru romani și Romania, un proiect legislativ pe măsura perioadei istorice pe care o trăim, privind siguranța cetățenilor români și a României, printr-o nouă Lege a Siguranței Naționale și a Serviciilor de Informații ale României.

Din păcate, urmașii la conducerea PNȚ și ai Convenției Democrate, cei mai mulți dintre ei infiltrați de Ion Iliescu încă din 1990, au profitat de dispariția subită și suspectă la 11 noiembrie 1995, în pragul anului electoral 1996, a celui ce a fost Corneliu Coposu, fiind preocupați doar de întocmirea listelor electorale și ocuparea funcțiilor în viitorul parlament, guvern, și ministerele cu cele mai bogate bugete anuale, pentru viitoarea finanțare a lor, a rudelor, prietenilor și baronilor lor locali.

Am spus *dispariția suspectă a lui Corneliu Coposu,* pentru că, urmare a discuțiilor mele cu medicul său curant, doctorul Baican, am aflat că pacientul dânsului se refăcea cu tratamentul aplicat în Germania, fapt ce îi permitea să revină în țară refăcut și foarte activ.

A fost plăcut surprins doctorul Baican când a văzut că mă ocup de protecția sănătății Președintelui C. Coposu, construindu-i printre altele și un mic dozimetru cu avertizare acustică și optică în cazul unui atentat la viața lui prin iradiere radioactivă în mediul ambiental sau prin alimentație, fiind cunoscut încă din 1945 ca un dârz opozant al comuniștilor, al celor capabili să săvârșească orice faptă ticăloasă pentru eliminarea celor ce se opun comunismului și l-au eliminat în noiembrie 1995, în pragul alegerilor.

Am admirat grija ce o purta doctorul Baican pentru sănătatea unui om de valoare istorică ante și post decembristă, ca luptător anticomunist, cum a fost Corneliu Coposu, greu de găsit în rândul actualilor politicieni, având o viziune clară în domeniul legilor de bază necesare dezvoltării societății românești, în perioada de criză politică.

Acest fapt poate fi confirmat și de Virgil Măgureanu, fost director al SRI, care a declarat în 09.01.2011 în Jurnalul Național că sediul central al PNTCD al „prietenului” lui, Corneliu Coposu, nu a fost interceptat dup1989, contrazis de mine în același Jurnal Național, că am înlocuit toată aparatura telefonică cu aparatura nouă adusă de doctorul Baican din Germania, iar după 20 de ani pot să afirm că PNȚCD-ul plătea o linie telefonică „defectă”, pe care cineva asculta toate încăperile din sediul central PNȚCD.

Astfel, noua Lege a Siguranței Naționale a României cerută de Președintele Corneliu Coposu era considerată vitală pentru refacerea morală și materială a românilor, de o bună parte dintre reprezentanții Convenției Democrate, pentru înlocuirea ticăloaselor legi 51/1991 și 14/1992, în cei patru ani de guvernare 1996–2000, dar nu era pe placul celor care râvneau la funcții de decizie în domeniul financiar-bancar, temându-se că nu se mai poate fura dacă legile cerute vor fi votate în Parlament de Convenția Democrată majoritară.

În anii care au urmat decesului Președintelui Corneliu Coposu, s-a dovedit că legile nu au fost dorite nici de Președintele Emil Constantinescu, ieșind de la guvernare ca un președinte învins de propriile Servicii de

Informații, de fapt de prevederile legilor în vigoare și în prezent, zugrăvit fiind pe fată în culori cam albastre, de unul dintre manifestanții unui miting din anul 2000, nemulțumit de pasivitatea inexplicabilă a Președintelui Constantinescu față de autorii crimelor de la mineriade sau de numele consilierilor săi precum Zoe Petre, care, deși istoric, nu cunoștea rolul SRI în instaurarea democrației în România, lucru dovedit atunci când a fost întrebată într-o ședință publică de subsemnatul.

Într-un cuvânt, a sucombat, uitând legile cerute de C. Coposu în sertarele Deputatului Nica Mihail, cel care, în ziarul Evenimentul Zilei din 4 februarie 1999 (anexat), prezintă ca lucrarea a sa ciorna proiectului meu realizată în vara anului 1995, pe care am discutat ca principii de bază a legii cu Președintele C. Coposu, nicidecum schema și textul legii întocmite pentru dezbatere în Parlament, cunoscute de președintele E.Constantinescu și consilierii lui, din presa și de la Deputatul PNȚCD Nica Mihail și Ionescu Galbeni din Comisia SRI, fiind depusă în Parlament de Nică Mihail.

La 01.02.2002, schema și textul legii Siguranței Naționale propuse a fost oferită PSD-ului prin ziarului România Liberă (anexată), cu slabe speranțe de a fi dorită de PSD, pentru a nu pune în pericol linistea activului PCR infiltrat la ordinul lui Ion Iliescu în toate structurile noului stat și în partidele politice istorice, în vederea blocării orientării României spre NATO.

Păstrarea sub tăcere a prevederilor legii 51/1991 Art. 11, 27 și 28 și a legii 14/1992 Art. 45, care interzic pentru 40 de ani accesul la informațiile strategice din arhivele secrete ale PCR, aflate în custodia DSS și interdicția impusă ofițerilor de informații din fostul DSS și din noul SRI, de a semnala în timp util tentativele și atentatele la siguranța națională a României, constituie dovada relelor intenții programate pentru distrugerea întregii țări.

Prin acest ordin secret, de partid, de infiltrare în culisele structurilor puterii statului roman și a partidelor istorice, Ion Iliescu și discipolii lui au asigurat în mod consecvent Moscovei cale liberă prin canalele de informații, spre penetrarea celor mai importante structuri similare, a țărilor Uniunii

Europene şi structurilor NATO, după decembrie 1989, pentru a nu strica jocurile politicii de expansiune ale Moscovei.

Ticăloasele legi, 51/1991 şi 14/1992 pentru asigurarea păcii şi prosperităţii românilor şi României, promulgate de Ion Iliescu, ascund şi in prezent numele, originile şi intenţiile celor care au conceput şi săvârşit distrugerea naţiunii române, înainte şi după decembrie 1989, în vederea împărţirii teritoriului României conform planului Valev de regionalizare, propus de RUŞI încă din 1964, plan publicat în presa din România, respins de Ceauşescu cu înverşunare, „deşi, cu o floare nu se face primăvară".

Ceauşescu a salvat atunci România de la o posibilă dezmembrare prin regionalizare precum a Iugoslaviei şi în prezent se încearcă a Ucrainei, motiv pentru care nu-l putem eticheta KGB-ist pe Ceauşescu, doar marxist-leninist şi comunist, iar lui Ion Iliescu, pe lângă marxist-leninist, comunist, putem adăuga şi KGB-ist, onorant pentru el, pentru Brucan şi Nicolae Militaru, atât timp cât prin declaraţiile lui publice, s-a autodenunţat ca fiind adeptul SOCIALISMULUI şi COMUNISMULUI ştiinţific, acuzând foştii conducători că au ÎNTINAT ideea de comunism.

Cum a putut fi acceptat în decembrie 1989 duplicitarul Ion Iliescu să conducă noua Românie, să manipuleze şi să mituiască miile de revoluţionari şi oameni de cultură, numiţi de el în funcţii importante în FSN, în CPUN şi în PDSR, pentru ca el, Ion Iliescu să câştige funcţia de preşedinte al României între 1990-1996 şi 2000-2004, preluând noul PCR pro-sovietic puterea cu o majoritate covârşitoare a românilor adormiţi de cântecele sirenelor PCR-iste, cu sprijinul ignoranţilor de la oraşe şi sate.

Deşi incompatibil cu punctul 8 al Proclamaţiei de la Timişoara, fiind prosovietic, Ion Iliescu a semnat ca preşedinte până în anul 2004 toate tratatele şi convenţiile internaţionale cu Uniunea Europeană şi NATO, consultându-se prin telefonul ROŞU cu Moscova în prealabil, fapt ce nu au ştiut şi nu ştiu românii care l-au votat şi i-au votat până în acest an, 2014.

Pentru aceste motive, Ion Iliescu şi principalii lui discipoli pot fi acuzaţi de atentat la Siguranţa Naţională a României, în formă agravantă, prin dovezile prezentate privind declanşarea unui război fratricid decis de Silviu

Brucan, Ion Iliescu, Gen. N. Militaru și delegația ofițerilor ruși, care în 23 decembrie 1989 au intrat în prezența mea în cabinetul Gen. N. Militaru din MApN, probabil pentru stabilirea distrugerii totale a DSS-ului – invadării și dezmembrării României, chemând și decapitând în aceeași noapte Șeful de Stat Major al USLA Col. Gheorghe Trosca și echipajele lui antiteroriste, deși puterea de foc a sediului MApN era suficientă.

Dovada răzbunării celor trei staliniști mai sus amintiți este masacrarea a opt militari români chemați la ordin fără drept, de Gen. N. Militaru, fără a fi ministru, decretul de numire fiind emis pe 26 decembrie 1989, iar ca răsplată pentru a se deconspira, Ion Iliescu a mai emis și decretul nr. 15 din 28 decembrie 1989 pentru ridicarea la gradul de general cu patru stele al aceluiași criminal N. Militaru, care a ordonat foc fără avertizare asupra acelor opt militari ai USLA chemați în ajutor.

Faptele lor dovedesc adevărata origine barbară, fiind adepți ai principiului „cine nu este cu noi, este împotriva noastră și trebuie să fie eliminat", cum este cazul excluderii din PSD a tânărului fruntaș Cătălin Ivan, cu toți membrii organizației sectorului 1 București, viitori contracandidați la conducerea PSD. El a scăpat cu viață, fiind discipolul lui Ion Iliescu, după cum V. Ponta – „cârlanul" – a scăpat fiind discipolul lui Adrian Năstase.

Personal, ca veteran al serviciilor de informații române, rog pe actualul Președinte, Klaus Iohannis, să săvârșească în numele lui Dumnezeu, al adevărului și dreptății, reparația morală și materială a greșelii privind retragerea titlurilor de eroi ai Revoluției, a USLA-șilor uciși de generalul Nicolae Militaru în noaptea de 23 spre 24 decembrie 1989, precum și acordarea numelor lor străzilor din zona Ministerului Apărării Naționale din București, a celor care pentru patrie s-au jertfit la datorie.

Vinovați de starea în care au adus întreaga națiune română au început să se ascundă în spatele ușilor închise, în sediile partidelor, firmelor lor CĂPUȘE, prin care au falimentat întreaga economie națională, cu aceleași metode aplicate și în cazul OLTCHIM Râmnicu Vâlcea sau uciderea președintelui de sindicat Virgil Săhleanu – TEPRO Iași, cel care a încercat să salveze ce se mai putea din ruinele întreprinderilor date la fier vechi, din economia naţională scoasă la mezat. Aceste metode au fost prezentate ca exemple la Seminarul Internaţional România şi NATO din iunie 2004 la Bucureşti, ca studiu de caz – anexat la prezenta lucrare.

Şi totuşi, a sosit ziua spovedaniei, a recunoaşterii lăcomiei şi a complicilor lor, pentru a împărţi atât prada, cât şi pedeapsa primită, pentru că au minţit şi au furat de la cei mulţi şi slab instruiţi sau informaţi, care nu-i vor ierta niciodată, cum nu i-au iertat nici în ziua de 16 noiembrie 2014.

În cazul acceptării propunerii legislative cerute de Preşedintele Corneliu Coposu, creştin, ardelean iubitor de oameni, de neam şi ţară, autorul moral al acestei legi, asigur toţi cetăţenii români de bună credinţă, indiferent de etnie, de refacerea morală şi materială a întregii naţiuni, refacerea imaginii romanilor şi României în lume.

Harul acestei propuneri legislative fiind salvarea oricărui român „de la vlădică la opincă", în cazul tentativei săvârşirii cu sau fără premeditare a unei fapte necugetate, antisociale, antinaţionale, poate fi salvat prin prevenire, prin atenţionarea celui în cauză, aplicând spre exemplu, măsuri operative prevăzute la Art. 11 din Legea Siguranţei Naţionale anexată.

Această Lege nu utilizează INFORMATORI, plătiţi sau neplătiţi, ofiţeri acoperiţi, persoane şantajabile, alcoolici sau drogaţi, iar presa scrisă şi audio-vizuală este invitată la colaborare pe baza prevederilor Art. 12 din legea anexată, ca furnizor de informaţii veridice, românii nu vor fi lăsaţi să greşească.

Legea nu iartă pe cel ce minte, fură sau trădează interesele oamenilor de bună credinţă a concetăţenilor lui, oricine şi oriunde ar fi el.

Autorul

RENAȘTEREA ROMÂNIEI PRIN PROSPERITATE CU DEMNITATE

RENAȘTEREA ROMÂNIEI prin „prosperitate cu demnitate" este posibilă prin înlocuirea în regim de urgență a legilor 51/1991 și 14/1992, cu noua propunere legislativă caracterizată prin: veridicitatea informațiilor accesibile ONLINE în banca de date operative, cu nivelul de secretizare a informațiilor legislației în vigoare ORNIS, principale prevederi caracteristice pachetului legislativ privind Siguranța Națională a României (LSNR) și a Direcției Generale a Serviciilor de Informații (DGSI), cu detalii anexate la prezenta expunere de motive.

În această lucrare, pe lângă prezentarea motivelor ce au condus la realizarea unui proiect de lege de importanță strategică pentru România, prezint și câteva editoriale pe care în ultimii ani le-am scris în ziarul Online „Explosive news" privind cauzele prăbușirii stării morale și materiale a românilor și a României.

Conform principiilor de bază aplicate în actul de decizie privind perspectivele unei națiuni pe termen lung, mediu sau scurt, este necesară ca primă măsură o amplă documentare în profunzime, în detalii, fie ele evenimente produse, în derulare sau posibil a se produce, cu efecte dorite sau nedorite, în prezent și viitor, documentare ce poate fi oferită doar de un Serviciu de Informații puternic prin unificarea tuturor specialiștilor în analiza și sinteza evenimentelor în „Direcția Generală a Serviciilor de Informații" propusă.

Pentru a depăși în acest an 2015, apogeul crizei generalizate pe toate planurile, cu forțe proprii, este imperios necesar efortul întregii națiuni, implicarea totală și necondiționată din punct de vedere al intereselor mărunte, minore, în comparație cu idealul nostru comun, „prosperitate cu demnitate", stabilitate economică, socială și a politicilor de dezvoltare, pe termen scurt, mediu și lung.

Cu toate dovezile privind originea numelui de român, limbii române, teritoriului României și dreptul națiunii române de a trăi pe aceste meleaguri, traversăm de un sfert de veac o perioadă comparabilă cu a năvălirilor barbare, cotropitori ai vetrelor DACICE sau politicile Lăpușnenilor, duse prin campanii destabilizatoare.

În istoria românilor, asemenea barbarisme a săvârșit doar Alexandru Lăpușneanu, stolnicul impostor, pe la 1553, pentru a-și recupera scaunul domnesc, a dat 700 de călăreți moldoveni pentru război și a jurat fidelitate regelui polonez, ca și cei peste 200.000 de galbeni dați turcilor, pe lângă măcelărirea propriei boierimi și de incendierea tuturor cetăților Moldovei, pentru a nu se putea apăra.

După 1989, năvălirile au fost și sunt mult mai periculoase, cu urmările pe care le simțim și le vedem zi de zi, mijlocite de urmașii lui Lăpușneanu, politicienii demagogi, fără scrupule, străini și autohtoni, hoți și mincinoși, infiltrați în instituții strategice, sub masca creștinismului și democrației sociale, posesori ai unor conturi în bănci de aiurea, pentru investiții personale, mituiri electorale, mită pentru ocuparea unor înalte funcții în statul român, pentru a-l cotropi și distruge din temelii, cu acordul „LĂPUȘNENILOR".

Cât timp partidele politice actuale, furnizoare a generațiilor actuale și viitoare de politicieni abili, demagogi, vor fi majoritari în Parlamentul României, pericolul producerii unor tentative de blocare chiar și a canalelor navigabile de la gurile Dunării va exista, Vladimir Putin nu se va teme atât timp cât unii guvernanți români ne VÂND țara la mezat.

Despre un ajutor dezinteresat din partea Moscovei pentru redresarea economică și socială a României după decembrie 1989, nu am auzit și nu vom auzi niciodată, cum au acordat Statele Unite țărilor distruse în al Doilea Război Mondial prin planul „Marshall", după numele americanului care l-a conceput, propus și aplicat cu succes în Europa Occidentală.

Ne întrebăm de multe ori, cum am fi trăit noi, romanii, cu ajutorul „dezinteresat al Moscovei", fără imixtiunea în orientarea politicilor noastre interne şi externe, fără rapturi teritoriale, întrebare pusă doar ca o glumă, ce produce doar un zâmbet amar.

România, după anul 1945 a fost lăsată că pradă de război în sfera de influenţă totală a Rusiei; după instalarea la putere a consilierilor ruşi, bogăţiile noastre au luat drumul Moscovei, deşi Dumnezeu le-a dat o ţară cât un continent, cu bogăţii la care au tânjit toţi bogaţii lumii occidentale, asociaţi la începutul secolului XX în baza unui plan secret de înfiinţare a statului comunist unic în EURASIA sau în toată lumea, în schimbul exploatării bogăţiilor Rusiei pe termen lung, de către miliardarii lumii.

Acel plan secret „Marburg" a fost şi la baza declanşării răscoalelor, revoltelor şi al celui de al Doilea Război Mondial din prima jumătate a secolului XX, dar sper că nu vor mai avea niciodată şansa să-şi impună planurile de asuprire a oamenilor liberi, civilizaţi, stăpâni pe destinul lor.

Pentru aceste motive cer romanilor de bună credinţă unire în cuget şi simţiri, susţinerea prin orice mijloace de comunicare a românilor de pretutindeni, spre dezbatere publică a oricărui nou proiect de lege a Siguranţei cetăţenilor români, a Siguranţei Naţionale a României, în scopul susţinerii şi votării lor în forul legislativ.

Deşi în cuvântul introductiv am precizat faptul că ideea conceperii unor legi noi pentru siguranţa românilor şi a României a fost a Preşedintelui Corneliu Coposu, fără a explica motivul, care era de fapt practicarea unei severe poliţii politice de către guvernanţi, de eliminare de pe scena politică a celor care se manifestau public în mod critic la adresa lui Ion Iliescu şi a prozeliţilor lui, autorii MINERIADELOR şi a întregului rău din România.

Ideea a fost a Preşedintelui PNŢCD Corneliu Coposu, care, în vara anului 1995, cu ocazia finalizării mutării repartitorului şi centralei telefonice a sediului central din Piaţa Rosetti, pentru a nu se mai „asculta" telefoanele din sediul central prea des, am fost întrebat dacă pot concepe un mod de descurajare legal a celor care nu-i suferea pe ţărăniştii autentici, pe susținătorii lor cu opțiuni prooccidentale, proamericani, care se înmulțeau cu fiecare zi, pentru a se asigura că țărăniștii vor intra la guvernare.

Am fost încântat de propunerea făcută și am reușit în prima etapă să obțin acordul de principiu în faza de ciornă a prevederilor cuprinse în proiectul privind noua lege a Siguranței Naționale a României, a cetățenilor ei, de organizare și funcționare a Direcției Generale a Serviciilor de Informații anexată.

Condiția principală a fost ca informațiile reale să fie oferite în timp util factorilor de decizie, completată cu o prevedere la fel de importantă cuprinsă în Anexa 6 și 9 la LSNR, pentru o guvernare competentă, cu demnitari de stat și publici evaluați și atestați, fără guvernanți ARIVIȘTI, fără politicieni abili și demagogi, fără Servicii de Informații politizate.

Prezint cititorilor textul „Cuvântului înainte" din cartea „Condamnați la tăcere", scrisă în anul 2000, text cu un conținut incontestabil, recomandat și în zilele de astăzi, când scena politică se clatină zi de zi.

Depolitizarea Serviciilor de Informații și a Autorității Judecătorești din România, după revolta din decembrie 1989, ar fi creat o forță deosebit de puternică pentru stabilirea condițiilor optime pentru instaurarea principiilor de bază a unei democrații reale, a economiei de piață capitalistă modernă, pentru prosperitate cu demnitate în România.

Dar comuniștii au dorit doar BANII, protecția activiștilor PCR și ARHIVELE SECRETE, ca instrument pentru manipularea întregii națiuni timp de 40 de ani, prin votul revoluționarilor parlamentari dat Legii 14/1992 Art. 45.

Eu, ca ofițer tehnic-operativ, naționalist, ca și majoritatea colegilor mei, angajat în DSS după retragerea consilierilor ruși, după anul 1960, am acceptat să fim în slujba României, în speranța realizării deschiderii spre lumea liberă, exprimată public, în familie sau tacit la urnele de vot.

Arhivele secrete despre viața și munca noastră, a românilor, despre lupta anticomunistă, cât și despre lupta comuniștilor pentru putere prin metodele și mijloacele caracteristice TEMNICERILOR, la ordinul conducerii comuniştilor, secretizate pentru 40 de ani, date în custodia SECURITĂŢII pentru a nu fi acuzaţi, EI, Gheorghiu Dej, N. Ceauşescu şi Ion Iliescu.

Nu am scris aceste rânduri pentru a mă disculpa, nici pentru a-mi etala măiestria de povestitor, ci am dorit să vă aduc la cunoştinţă că noi, ofiţerii tehnic-operativi am fost dintotdeauna condamnaţi la tăcere, chiar şi când am fi avut ceva de spus. Mi-am asumat acest mare risc în 1989 şi în prezent, când sper ca aceste rânduri să vadă lumina tiparului, să satisfacă setea de adevăr despre noi, cei condamnaţi la tăcere.

Bolşevismul a dus România şi naţiunea română într-o stare de sărăcie morală şi materială cumplită, oferindu-ne în schimb minciuna şi hoţia.

Răspund cu acest prilej şi celor care m-au acuzat de trădare a bolşevicilor, PCR-ului, faţă de care nu aveam niciun jurământ sau angajament liber-consimţit, că am plătit totuşi cu apostrofarea „securist" preţul cunoaşterii secretului puterii dictatorului comunist.

Acum este rândul lor, al unora din activiştii PCR să se destăinuie sau să plătească fărădelegile săvârşite din anul 1945 şi până astăzi.

Fiecare dintre noi este dator să prezinte publicului larg, românilor de pretutindeni, faptele nedemne cel puţin a celor care, după 1989 au ocupat funcţii de conducere cu drept de decizie în administrarea statului în domeniul financiar-bancar, în justiţie, în Parchetul General şi cel mai grav, în Serviciile de Informaţii.

Poliţia politică practicată de N. Ceauşescu a vizat doar adversarii politici, spre deosebire de politica dusă de I. Iliescu după 1989, care a vizat pe lângă adversarii politici şi partea economică, financiară, legislativă, pentru menţinerea unei economii de piaţă confuze, unei legislaţii confuze, unei concurenţe neloiale, specifice unei dictaturi mult mai dure.

Emil Constantinescu, urmaşul lui Ion Iliescu, a avut şansa de a anihila utilizarea forţei poliţiei politice, dar nu a avut curajul să o facă, fapt ce ne îndreptăţeşte să punem întrebarea: Cine a condus România în perioada 1996-2000, Parlamentul, care Preşedinte, Serviciile de Informaţii?

Cauza prăbușirii nivelului de dezvoltare economică și socială a unei națiuni se regăsește în structura celor cinci piloni de susținere a politicilor ce guvernează națiunea română, acești piloni fiind în realitate următorii:

1. Constituția, legea de bază a organizării și funcționării națiunii romane.

2. Justiția, organ independent de jurisdicție a națiunii române.

3. Președintele independent al României, al CSAT și Comandant supreme al forțelor armate; MApN, MAI și Serviciile de Informații.

4. Parlamentul, organ de stat legislativ unicameral.

5. Guvernul, organ de stat care exercită puterea executivă.

– Presa scrisă și audiovizuala, fără o LEGE pro-românească, nu este și nu poate fi o forță.

În cazul aducerii unuia din pilonii siguranței naționale în stare de nefuncționalitate, STATUL se destabilizează.

În prezent, Ministerul de Justiție și Președinția fac front comun, fiind conectate în mod permanent, răspunzând cerințelor atât a stărilor de conflict militar din zona Mării Negre, cât și conflictelor interne generate de asocierea Guvernului cu Parlamentul, ca scut de protecție a tuturor celor care au încălcat legile, obstrucționând Justiția în momente critice pentru Siguranța Națională a României, atât timp cât Rusia râvnește la gurile Dunării, având în vedere planul Valev, ratat în 1964 și 1989, așteptând ocazia pentru a-l aplica prin forță, ca și în Ucraina de azi.

Vinovații sunt cele cinci puteri din ultimii 25 de ani, care, în mod deliberat nu au unit cetățenii români în cuget și simțiri, în spiritul iubirii de neam și țară, patriotismul fiind considerat desuet.

De acord cu cei preocupați să propage social democrația, dar nu marxismul, regăsit în filele Istoriei României în date, în Editura enciclopedică română, București, 1971, pag.267, cu dovezi grăitoare a exportului de către Ruși a ideilor marxiste printre țaranii din satul Luceni, comuna Victoria, județul Iași și țaranilor din comunele învecinate, propaganda ce a condus la răscoala țărănească din 1907, experiment reușit, cu prețul a cca. 10.000 de morți.

Cu asemenea arsenal diplomatic de instigare la revolte a populațiilor altor țări, fie ele și vecine de bună credință, nu poți trăi liniștit în țara ta și pe drept cuvânt te întrebi, va mai fi în România pace și prosperitate cu rușii la gurile Dunării? DA, cât timp suntem în rândul țărilor civilizate, Europene, protejați de NATO, UE și SUA, cu condiția ca românii uniți în cuget și simțiri să alunge „Lăpușneanul", ateul liber cugetător Ion Iliescu și discipolii lui de la conducerea României, motiv pentru care adresez acest MESAJ românilor de pretutindeni.

Dacă pentru perioada 22 decembrie 1989, până la Instalarea CPUN-ului sunt acceptate unele scuze din partea conducerii CFSN-ului, scuze nu mai sunt admise după instalarea CPUN-ului pe tema compromiterii intereselor României și a cetățenilor români, indiferent de etnie, ele nu mai pot fi acceptate.

Până la publicarea legii 51/1991 la 7 aug. 1991 și aprobarea Constituției prin referendum la 8 decembrie 1991, Ion Iliescu și conducătorii CFSN și CPUN răspund prin asumarea acestor funcții în fața întregii națiuni, pentru neglijență, complicitate și tăinuirea atentatelor la Siguranța Națională a României, la deteriorarea imaginii României în lume, prin faptele săvârșite cu premeditare, precum MINERIADELE.

Prevederile Art. 11, 27 și 28 din legea 51/1991 și Art. 45 din legea 14/1992, au fost cu premeditare incluse, pentru a asigura acoperirea, conspirarea activului PCR, infiltrat în Partidele istorice PNȚ, PNL, PSDR Cunescu, în efectivele noilor servicii de informații și în Corpul Diplomatic pe plan intern și extern, pentru a înlesni aplicarea ordinelor marxiștilor de la București și Moscova, în tentativa continuării construcției unui stat unic comunist pro-rus.

Sub pretextul vidului legislativ, până la 3 martie 1992, am putea spune că România a fost un sat fără câini, lipsită de protecția articolelor 11, 27, 28 mai sus menționate, dar cea mai gravă este prevederea Art. 45 din Legea 14/1992 prin care se ascund faptele și făptuitorii, fărădelegile activiștilor PCR cu dovezi în arhivele PCR ascunse sub sigla DSS pentru 40 de ani.

Această arhivă a fost ascunsă de ochii presei, a istoricilor, cercetătorilor și de ochii românilor, ca ținte vii ale Cabinetului 1 și 2 al CC al PCR. Printre obiectivele supravegheate, pe primul loc au fost și sunt adversarii politici ai celor care sunt la putere, dar în mod deosebit a personalităților din fruntea partidelor istorice.

De la Președinții României din acea vreme, până la miniștri, cu mici excepții, au dovedit că nu se dorea noua lege pentru că NU SE MAI POATE FURA, și au furat până au ajuns în închisori, pentru deturnări de fonduri, corupție, evaziuni fiscale.

Un stat modern, civilizat, nu poate funcționa cu asemenea legi cu fisuri ce au permis dezvoltarea actelor de terorism, corupție, trafic de arme, de droguri, de influență, de persoane, șantaj și spionaj în toate domeniile de activitate și la orice nivel.

Din documentele prezentate la sfârșitul acestei lucrări, reiese fără tăgadă că atât Emil Constantinescu, cât și Ion Iliescu, președinți și comandanți supremi ai CSAT, au refuzat să înlocuiască ticăloasele Legi 51/1991 și 14/1992, în comparație cu Președintele Traian Băsescu, cel care a cerut Primului Ministru Călin Popescu Tăriceanu în ședința CSAT din 24.07. 2006, anexat, înlocuirea urgentă a acestor legi.

Insist pentru restabilirea încrederii românilor în români, pentru stabilitatea și continuitatea în mod deosebit a programelor de dezvoltare a economiei naționale, pe termen scurt, mediu și lung, fără discontinuități.

Pentru acest motiv, voi reda câteva din rândurile scrise în ultimii ani în ziarul http://www.exploziv-news.ro, pe tema marxismului, care s-a repliat prin deschiderea decisă de Mihail Gorbaciov spre OCCIDENTUL avansat tehnologic, pentru o nouă strategie mondială pentru a domina piața resurselor energetice, retehnologizarea propriei industrii, în special militare, pentru expansiune la nivel mondial a viitoarei Uniuni Mondiale a Partidelor Comuniste.

Competiția pentru deținerea supremației mondiale se dispută între statele membre NATO ca simbolurile democrației pe de o parte, și de cealaltă parte alianța condusă de Rusia, după cum precizează în programul Partidului Comunist Român elaborat în 27.03. 2010 la București, susținători ai întemeierii EURASIEI în sprijinul marxismului internaționalizat, prin democrații declarative, confruntare de al cărui rezultat va depinde pacea în lume în viitor.

Să nu uităm că speranța omenirii privind pacea în lume se va împlini în ziua în care se vor împăca reprezentanții religiilor; creștină, musulmană, budistă și iudaică, conflicte speculate din plin de politicienii și strategii militari ruși, pentru a fi unicul lider mondial.

Balanța se va înclina în favoarea democrației autentice mondiale, nu a marxismului internaționalizat sau a capitalismului sălbatic, practicat de oamenii fără frică de Dumnezeu, în special în fostele țări socialiste.

La data de 27 martie 2010, a avut loc la București Adunarea Generală de constituire a Comitetului de Reorganizare a Partidului Comunist Roman, sub steagul marxist-leninist, pentru recucerirea teritoriilor românești și subordonarea politică.

Coincidență? NU.

După circa 10 luni, la data de 05.02.2011, are loc semnarea protocolului de înființare a USL (Uniunea Social Liberală), UNIRE aidoma celei de la 20 feb. 1900 (pag. 273 din Istoria României în date, 1971), Burghezia Proletară și Burghezia Liberală Capitalistă au creat același MELANJ pentru a porni lupta pentru putere prin anihilarea adversarilor politici.

Deocamdată, în România, țara în care au curs cândva lapte și miere, astăzi curg lacrimi amare, majoritatea băștinașilor români, a moșilor și strămoșilor noștri, oameni harnici, ospitalieri și cinstiți, încă trăiesc de secole împreună cu aceleași minorități naționale, în contrast cu actualii politicienii veroși, demagogi, meschini, de culori politice diferite.

Pentru acest motiv, în perioadele electorale viitoare este vitală pe lângă acceptarea candidaților politicieni și a demnitarilor atestați, autentici, invulnerabili în cazul șantajului, corupției, crizelor economice, financiare și de orice natură.

Dezamăgirea românilor și a minorităților naționale, cauzată de farsele electorale din acești 25 de ani, se afla la apogeu, dezastru la care au contribuit în mod substanțial și unele trusturi de presă scrisă și audio vizuală, slujind doar interese personale, de grup și de partid, sfidând interesele românilor și statul de drept, dezinformând la orice oră din zi și din noapte întreaga națiune.

În principiu, a fost și este vorba despre lupta de acaparare a puterii financiare de către politicieni pe orice cale, pentru a recupera banii cu care au cumpărat voturi și funcții în partidele politice, pentru un loc de parlamentar pe liste, în funcții de decizii importante în finanțările lucrărilor publice de la bugetul de stat și de la Uniunea Europeană, din care să se înfrupte împreună cu prietenii.

Indiferent de formă de guvernământ, fie republică sau monarhie, partidele politice nu pot fi garantele furnizării unor demnitari de stat și publici autentificați, datorită degradării morale a clasei politicienilor, cu foarte mici excepții fiind demagogi și profitori, într-un cuvânt „CĂPUȘE" ale economiei naționale românești și bugetului românilor.

Din cele mai vechi timpuri, oamenii s-au deosebit prin modul de a trăi, de a gândi, de a munci pentru asigurarea hranei lor și a familiilor lor, fără a râvni la bunurile acumulate prin munca altora, în timp ce alții se gândeau doar la cum să fure roadele muncii semenilor lor.

Romanii nu trebuie să uite niciodată evenimentele din decembrie 1989 și zilele ce au urmat, nefaste pentru românii de pretutindeni, câteva mii pierzându-și viața, iar marea majoritate, deși de bună credință, au trăit și trăiesc zile grele cauzate de repetatele mineriade, pentru instalarea la conducerea țării a tagmei jefuitorilor.

Răsplata inițiatorului Ion Iliescu oferită organizatorilor, complicilor mineriadelor, cunoscuți și nejudecați, care au redus la tăcere opoziția anticomunistă din piața Universității în iunie 1990, cu sprijinul CĂPUȘELOR PCR-iste, ascunse în funcții importante în toate instituțiile și întreprinderile statului, în ţară şi în afara ţării, în diplomaţie, inclusiv la Moscova, strategie pe care o prezint ca o tristă fabulă.

Când strigă lumea-n stradă „JOS CĂPUŞARII", nu e grav, din fire au cu toţii un nărav, de vrei să-i scoţi e foarte greu, se-ajută şi se-nfig mai rău, de dreapta sau stânga comunistă, nu mai contează, cu toţii se salvează. De unde vin, unde se duc şi unde se ascund ştim toţi, nu se ascund cu gânduri bune, se ascund să fure, să trăiască fără să muncească.

De starea victimelor vlăguite, fie un ins, o ceată sau o naţiune, acestor mari sau mici insecte parazite, nici nu le pasă; sunt imune; fac şi scandal când sunt găsite pe post de hoţ şi după gratii azvârlite.

Leac pentru perfidele căpuşe nu poate fi otrava, nici să le scoţi pe uşă: sunt salvate de cătuşe miruite de-o mătuşă; cum s-ar spune, sunt imune, protejate fără drept, de sus de la guvern, de la partid, de prin justiţie şi Parlament.

Românii, prin firea lor iertătoare mai fac şi haz de necaz, dar o întrebare se impune pentru toţi romanii de bună credinţă, în acest an FATIDIC, 2014.

Cum a fost posibil ca în decembrie 1989 să fie înlocuit Nicolae Ceauşescu, un comunist cu pretenţii prea puţin justificate de conducător iubit al românilor, cu costuri de întreţinere greu de evaluat în propaganda lui de preamărire, pe plan intern şi extern, în dauna grijii faţă de propriul popor, lăsat fără căldură în plină iarnă, fără apă caldă, fără pâinea cea de toate zilele, cu raţionalizarea alimentelor şi benzinei, cu interzicerea circulaţiei autoturismelor particulare duminica, o duminică numere cu soţ, următoarea fără soţ, dreptul să-ţi expui public nemulţumirea faţă de condiţiile de viaţă impuse de PCR, înlocuit cu un alt Comunist cu nume românesc şi suflet rusesc.

Pretenţiile fostului conducător „iubit" de toţi românii au fost extinse şi peste mări şi ţări din lumea a treia, cărora, pe lângă volumele scrise de armata de activişti ai CC al PCR, cu toate cuvântările lui împănate cu lozinci marxist-leniniste, la congrese și plenare spre deliciul aplaudacilor, pe tema viitorului luminos al clasei muncitoare, oferea gratuit și câte un vapor cu grâu și alte alimente, câteva arme și camioane Carpați pentru transportul cadourilor, pentru succesul exportului ideologiei marxiste.

În comparație, Ion Iliescu, urmașul lui N. Ceaușescu după decembrie 1989, a vrut să pară ceea ce nu este, executându-și conducătorul iubit de frica propriei execuții, în cazul revenirii la putere cu sprijinul gen.Tudor și a activistului CC al PCR Nicolae Mihalache, cu sprijinul televiziunii romane.

De frica morții și a Moscovei, a lăsat să fie demolată întreaga industrie românească, construită cu sacrificiul milioanelor de romani, milioane de șomeri, fără pâinea cea de toate zilele, prin căpușarea întregii economii naționale, doar pentru a fi votat ca președinte al tuturor CĂPUȘELOR PCR-iste din armată și societatea civilă, din noua conducere a României după 22 decembrie 1989.

Recunoașterea utilizării minciunii și hoției ca instrumente de bază ale activităților conspirative ale activiștilor PCR în funcții în PROGRAMUL PCR, prevede destabilizarea țării începută de Ion Iliescu încă din 1990, prin discipolii lui infiltrați în viața socială, economică și politică, începând cu MINERIADA din 1990, la un pas de scoaterea României din sfera de influență a Occidentului, compromiterea numelui de roman și a României prin orice mijloace.

Scoaterea României de pe piețele externe, din toate domeniile de activitate prin:

– Privatizări frauduloase.

– Desființarea institutelor de cercetări din agricultură, sănătate, industrie, din toate domeniile de activitate.

– Desființarea Fermelor de stat, CAP-urilor, irigațiilor, fără o nouă organizare și redistribuire a valorilor imobile, utilajelor, profitului și redevențelor.

– Retrocedarea proprietăților fără temei legal, fără cadastru, generatoare de conflicte sociale și juridice până la CEDO.

– Desfiinţarea şcolilor profesionale, furnizoare a forţei de muncă superior calificate pentru întreaga economie şi industrie.

– Încurajarea contraindicată a exportului de materii prime; minereuri de interes economic şi militar strategic, cereale, cherestea în mod deosebit, în detrimentul exportului de produse finite ce includ cercetare, producţie, comerţ, locuri de muncă în toate domeniile. De asemeni, în domeniul civil şi militar, în toate întreprinderile şi instituţiile statului au fost înlocuiţi toţi conducătorii care se manifestau ostil, în mod public împotriva căpuşării producţiei şi comerţului, revenirii activiştilor PCR pe plan intern şi extern.

Sarcina principală a noului eşalon PCR după 1989 a fost acuzarea fără dovezi şi în orice dezbatere publică a foştilor specialişti în domeniul informativ-operativ pe plan intern şi extern din DSS, nicidecum a activiştilor CC al PCR, pentru crimele produse în decembrie 1989 şi la mineriade, păstrând tăcerea despre misiunile activiştilor PCR din toată ţara în acele zile fierbinţi din Timişoara, Sibiu, Bucureşti şi alte localităţi.

Un moment crucial în decembrie 1989 a fost ordinul ticălos al lui Ion Iliescu şi al Ministrului Apărării, gen. Nicolae Militaru, ambii KGB-işti notorii, privind interzicerea transmiterii pe postul de televiziune naţional a mesajului către ţară al generalului Iulian Vlad privind trecerea totală şi imediată a forţelor Securităţii Statului sub comanda generalului Ştefan Guşă, a cărui declaraţie nu a fost transmisă de TVR.

Scopul vădit a fost de a acuza securitatea de terorism, când toată lumea ştie că ofiţerii de securitate au lăsat revoluţionarii să intre în sediul Comitetului Central al PCR, înaintea plecării elicopterului cu comandantul suprem al armatei şi savanta de renume mondial, paza fiind retrasă.

Prin această diversiune, KGB-istul Ion Iliescu a utilizat practic arma de bază a dictaturii partidului unic, DEZINFORMAREA pentru a DEZBINA şi CONDUCE, împărţind naţiunea română în două tabere, declarând public că securitatea statului nu mai exista (pag. 218 din „Cronologia evenimentelor din decembrie 1989", scrisă de Alex Mihai Stoenescu în 2009), ştiind că un nou Serviciu de Informații nu există, a fost ca o invitație la jaful total, început în anul 1990 și continuă și în 2014.

Urmare acestei declarații, am decis și am fost sprijinit logistic de secretarul general al guvernului provizoriu, ofițerul MApN Paul Jerbas, care a înțeles momentul critic prin Ordinul dat de desființare a securității statului, obținând aprobarea pentru a fi primit de proaspătul numit Ministru al Apărării, general Nicolae Militaru, de către Ion Iliescu, pentru a-i cere să ordone preluarea pașnică a efectivelor și sediilor DSS din toată țara, pentru restabilirea ordinii și păcii sociale, ordin ce s-a și îndeplinit și cu sprijinul generalului Nicolae Popescu, surprinzător, și cu acordul generalului Nicolae Militaru.

Crima săvârșită de Ion Iliescu și Ministrul Apărării, gen. (R) N. Militaru, cu premeditare, în noaptea de 23 spre 24 decembrie 1989, prin chemarea echipajelor USLA sub pretextul apărării sediului Ministerului Apărării de atacul teroriștilor, a fost pentru a-i executa, ca o reacție disperată a acestor doi KGB-iști.

În fața intrării în minister, în plină zi, nu se aflau tab-urile USLA incendiate și nici USLA-șii uciși, fapt ce mi-a permis să-mi îndeplinesc misiunea voluntară de obținere a aprobării preluării în mod pașnic a tuturor efectivelor și a sediilor DSS din toată țara.

Mă întreb și acum, să se fi urmărit uciderea col. Gheorghe Trosca și a colegilor lui de la USLA, ca ofițer de informații, ce a avut ca obiectiv în lucru pe acel gen. Nicolae Militaru, colaboratorul KGB în România, să fi fost cauza reala a numirii de către Ion Iliescu a acestuia în funcția de Ministru al Apărării Naționale, pentru a înscena atacul terorist sau pentru a declanșa războiul civil ca pretext pentru intrarea rușilor în România și aplicarea planului Valev, cu sprijinul celor trei – Brucan, Iliescu și Militaru – și existența unui plan de eliminare fizică a adversarilor lor politici.

Următorul obiectiv principal al KGB-istului Ion Iliescu a fost infiltrarea masivă a partidelor istorice și a Asociației Deținuților politici, în special în partidul țaraniștilor considerați periculoși, prin aderența masivă a românilor la acest partid, în fruntea căruia se afla Corneliu Coposu, omul de încredere al marelui politician Iuliu Maniu.

Președintele Asociației deținuților politici, Ticu Dumitrescu, conducătorii partidelor istorice PNȚ-CD Corneliu Coposu și PSDR Sergiu Cunescu, au fost acuzați fără temei că vor să vândă țara, să-l aducă pe regele Mihai, dar s-a dovedit că eșalonul doi PCR și acoliții lor infiltrați în toate partidele politice au vândut țara.

Numirea unor politicieni din partidele istorice în funcții ministeriale, la propunerea lui Ion Iliescu, ca răsplată a declarației publice acuzatoare, afirmând că în 1990 „la mitingurile din piața Universității sunt numai golani drogați", fapt ce mă determină să-i consider cârtițe în partidele istorice, prin alianță cu marxiștii din PSD.

Au rezolvat foarte simplu chiar și cu istoricul Partid Social Democrat Român (PSDR), condus după 1989 de Sergiu Cunescu, furat (absorbit) în anul 2000 de partidul bolșevicului Ion Iliescu cu ajutorul căpușei Alexandru Atanasiu, oferind locul mult râvnit de I. Iliescu în Internaționala Socialistă, în schimbul funcției de conducere pentru A. Atanasiu în PDSR și în ministere. În cazul conducerii PNȚ-CD, considerat cel mai mare pericol pentru bolșevici, mai grea a fost eliminarea regretatului Președinte Corneliu Coposu, ajutat să supraviețuiască doar de doctorul Baican din Germania, în contrast cu dorința lui Ion Diaconescu, prietenul bolșevicului Ion Iliescu, de a ocupa funcția supremă în PNȚ-CD și Președinte al Camerei Deputaților în perioada 1996 – 2000, cel care a refuzat dezbaterea și votarea în Parlament până în anul 2000 a legii Siguranței Naționale a României și a Direcției Generale a Servicii de Informații.

Dar ei se gândeau doar să pună stăpânire pe banii din comerțul interior și exterior, pe fondurile europene și conturile bancare sau cheile seifurilor din țară, din agențiile economice, ambasade și redevențele din întreaga lume, cu ajutorul conducătorilor căpușe, dar și cu sprijinul inconștient, condamnabil al celor care, după 23 de ani, plâng pe străzi, pe la ușile guvernanților sau mor de foame, de supărare, jefuiți și umiliți de miliardarii televizați în timp ce le împart bani sau pomeni umilitoare, în campaniile electorale din 1990 și până astăzi.

Principalele preocupări ale lui Ion Iliescu nu au fost recuperarea tezaurului României de la Moscova, ci doar arhivele activiștilor PCR secretizate pentru 40 de ani, după ce au fost bine periate și pregătite pentru șantaj, pentru vânzarea pe bani grei, protejate prin Legea 51/1991 Art. 11, 27 și 28 și Legea 14/1992, Art. 45, pentru a nu fi studiate și de presă, de societatea civilă, de românii cinstiți, interesați să cunoască adevărul despre ce mai fac politicienii noștri în Parlament.

În cazul eșalonului PCR prosovietic condus de Ion Iliescu, au avut astfel de contacte cu partenerii sovietici prin Silviu Brucan, cu mult înainte de tentativa de declanșare a loviturii de stat începută la Iași de I. Iliescu, ca fost prim secretar al județului, acceptat de sovietici pentru a prelua puterea cu obligația menținerii României în sfera de influență a Rusiei sau contactele din 23 decembrie 1989 din cabinetul proaspătului Ministru al Apărării, gen. Militaru, locul în care am fost martorul nepoftit al vizitei generalilor, delegați ai Moscovei.

După CACEALMAUA transformării CFSN în partid politic, prin care Ion Iliescu a dovedit încă o dată, dacă era nevoie, că datorită utilizării redutabilei arme a comuniștilor – MINCIUNA și HOȚIA practicate și în campania electorală din 1990 au asigurat câștigarea detașată a alegerilor adminis-trative, prezidențiale și parlamentare prin fraudare de fiecare dată, ca și în anul 1946, fără succes însă în ziua de 16 noiembrie 2014, zi în care românii s-au deșteptat din somnul cel de moarte, dată care propun a fi scrisă cu litere mari, aurite, pe viitoarea stemă a României.

Pentru motivarea pierderii piețelor externe, au trecut urgent la marea cacealma a privatizării tuturor întreprinderilor exportatoare de bunuri materiale, produse finite, pierderile fiind greu de calculat, doar că românii au fost încântați că pot fura și ei câte ceva din institutul, uzină sau CAP-ul unde au lucrat. Niciunul din cei care au participat la distrugerea propriului său loc de muncă, luând în mod inconștient parte la propriul dezastru pentru el şi familia lui, ca viitor şomer, viitor muritor de foame, cerşindu-şi acum doar dreptul la muncă, nu recunoaşte că a greşit, când strigă în primăvara anului 1990 pe străzi, la ordinul lui Ion Iliescu, lozincile NOI MUNCIM, NOI NU GÂNDIM, lăudându-se că NU FAC POLITICĂ.

A te declara „politician" este o mare jignire pentru toţi românii cinstiţi şi sunt de acord cu descrierea termenului în DEX (ABIL şi DEMAGOG), dar a nu face politică este o crimă împotriva propriilor interese şi a colectivităţii din care faci parte cât trăieşti, dovada că nu citeşti în DEX măcar cine eşti.

Acest mod de a gândi a fost şi este o mare greşeală, o tragedie pentru oamenii simpli, fără o cultură social-politică, fără o educaţie civică temeinică, care să-i scutească de conflictele de interese cu semenii lor şi de starea de sărăcie materială şi morală, oamenii nu pot convieţui şi supravieţui fără o instruire civică.

Este imperios necesară o campanie naţională privind instruirea civică, cunoaşterea drepturilor şi obligaţiile cetăţenilor cu pregătire elementară, mai puţin academică, pentru cunoaşterea sensului cuvintelor uzuale cum sunt denumirile: naţiune, stat, comunităţi, suveranitate, domeniu public, domeniu privat, instituţii de stat, instituţii publice, descrise sub toate aspectele.

Pe aceste slăbiciuni ale majorităţii cetăţenilor români s-a bazat strategia lui Ion Iliescu încă din 1990 până astăzi şi a căpuşelor lui infiltrate în instituţiile mai sus enumerate, întrebându-se cum se mai poate salva naţiunea româna din ghearele lacomelor căpuşe.

DECIZIA ca România să nu mai fie grânarul Europei, prin furtul acceptat de acelaşi Preşedinte al căpuşelor numite la Ministerul Agriculturii, distrugerea prin furt a întregului sistem de irigaţii, de la conductele de transport al apei, până la cele mai puternice staţii de pompare a apei pe milioane de hectare pe timp de secetă, Ion Iliescu, fiind instigator şi complice la furtul material organizat, distrugerea totală cu premeditare a staţiunilor de maşini agricole, institute de cercetări din agricultură şi industria alimentară.

Lozinca lui din 1990, „cine mă votează, îl las să fure" a avut SUCCES și ÎNCĂ dăinuie, deși în pușcăriile lui Ion Iliescu nu mai sunt locuri de parcare a epavelor PSD-iste și nu numai.

Pentru ca terenurile arabile să nu mai poată fi lucrate cu utilajele existente la început de an 1990, cu ajutorul acelorași specialiști agricoli printr-o nouă formă de asociere a proprietarilor de terenuri din localitățile respective, au grăbit fără temei legal procesul retrocedării terenurilor arabile prin desființarea fermelor și CAP-urilor existente, sub pretextul dorinței cetățenilor de recuperare a fostelor proprietăți, fără a fi stabilite cadastral delimitările terenurilor, proprietarii de drept și de fapt au fost deposedați abuziv, declanșând mii de procese, până la CEDO.

Nu s-a dorit reorganizarea fermelor, alegerea celei mai rentabile asocieri prin contracte ferme, cu drepturi cuvenite garantate printr-o lege a fermierilor, nu s-a dorit prosperitatea la care visau toți agricultorii, de fapt, prosperitatea nu a fost obiectivul principal pentru toți cetățenii României, a fost obiectivul personal al căpușelor PCR-iste pentru îmbogățirea lor și a noilor conducători ai PCR și nu numai a lor.

Nu s-a dorit funcționarea niciunei întreprinderi, instituții de stat sau publice, din orice domeniu de activitate, nu s-a dorit prosperitatea mult dorită de români, nu s-a dorit trecerea la o economie de piață real capitalistă modernă, având exemple în toată Europa occidentală, doar căpușele nou instalate în noile funcții de conducere a țării au susținut propunerea bolșevicului Iliescu Ion ca noi, romanii, să creăm o nouă economie, botezată „economie socială de piață", nici cal, nici măgar, nici socialist, nici capitalistă modernă.

În mahalaua Olteniței, locul de baștină al noului Președinte Ion Iliescu, nu ar fi fost posibilă aplicarea unei economii de acest fel, sau poate la Moscova a fost instruit să conducă România ca o nouă țară Socialistă Sovietică, fapt confirmat de sabotarea realizării în peste 10 ani a celei mai importante căi strategice de transport rutier între România și spațiul

Schengen, autostrada Transilvania, contractată de guvernul Năstase şi strategul Ion Iliescu pe hârtie, doar de ochii lumii occidentale.

Întrebarea ce trebuie să i se pună bolşevicului Ion Iliescu de către fiecare român care a suferit timp de 55 de ani până în decembrie 1989 şi cei 25 de ani până în prezent, este, pentru care motiv a eliminat în 1990 din „Codul penal" pedeapsa cu moartea pentru trădare şi pentru SABOTAJ în toate domeniile economiei naţionale.

Infiltrarea căpuşelor, totuşi nu s-a oprit la graniţele României, au sărit şi în ţările vecine şi nu numai, prin misionarii noştri de profesii gen „alba-neagra" necunoscute de cetăţenii occidentali până în 1990, cu scopul de a discredita naţiunea română şi de asemeni, pentru denaturarea imaginii vieţii social-economice şi politice a Uniunii Europene, spre satisfacţia puterilor dovedite ANTIEUROPENE.

Autorul

SPICUIRI DIN PRESA VREMII

USL – UN MELANJ

De ce melanj? Pentru un motiv foarte clar, simplu și sigur, un amestec de culori politice, un amestec de interese diferite ce converg totuși în final spre sursele de informații, sursele financiare de îmbogățire, sursele de protecție a inculpaților în fața justiției, sursele de obținere a voturilor în Parlament, în secțiile de vot.

USL = Partidul Social Democrat + Partidul Național Liberal + UDMR + PC + PUNR+ Tăriceanu, creat ca o diversiune în stil marxist.

Acest MELANJ s-a mai produs și după anul 1900, când unii conducători din PSDMR cu vederi liberale au sărit în barca Partidului Liberal din acea vreme, în același scop în care PDSR-iștii lui Ion Iliescu au sărit în barca PSDR-ului lui Sergiu Cunescu, răsplata primită de Alexandru Atanasiu a fost o funcție de ministru și două legislaturi de DEPUTAT oferite de Ion Iliescu, pentru a-i arunca peste bord și a le lua locul în INTERNAȚIONALA SOCIA-LISTĂ , în care nu erau primiți fiindcă erau încă membri ai Partidului Comunist Român după 1989?

Cine nu crede, să citească pe Internet scrisoarea deschisă adresată în anul 2000 de SERGIU CUNESCU trădătorului Alexandru Athanasiu.

Autorul

LEGI CRIMINALE

PARLAMENTARII ROMÂNIEI AU VOTAT ŞI ION ILIESCU A PROMULGAT LEGI PRECUM 51/1991; 14/1992; 71/1994; 218/2002, TOATE CU TENTĂ MASCATĂ DE ATENTAT LA SIGURANŢA NAŢIONALĂ A ROMÂNIEI.

Dacă analizăm conţinutul Art. 11 din Legea 51/1991, Legea siguranţei naţionale, constatăm cu stupoare că domnul preşedinte I. I. Iliescu nu vrea să i se comunice informaţii din domeniul siguranţei naţionale şi ca să nu se supere primul ministru îl rade şi pe domnia sa de pe listă, lăsând siguranţa naţională a României pe seama primarilor care ştiu să semneze, cu simţ de răspundere revoluţionară, documente oficiale chiar şi la nivelul consiliilor judeţene.

Pentru a nu destabiliza bună intenţie a primului şi iubitului preşedinte al minerilor, de implementare a „ECONOMIEI DE PIAŢĂ SOCIALISTĂ", PE PIAŢA CAPITALISTĂ A UNIUNII EUROPENE, a aprobat prevederile Art. 28 din aceeaşi lege care precizează că martorii unui atentat la siguranţa naţională săvârşit de vreun salariat al unui organ secret să zicem, prin devastarea biroului preşedintelui liberalului Câmpeanu pentru că ţărăniştii şi social-democraţii autentici au dispărut, pot face depoziţii în fata organelor judiciare numai cu încuviinţarea scrisă a şefului organului din care fac parte, a celui care i-a ordonat în glumă să-i devasteze biroul lui Câmpeanu sau să devasteze sediile partidelor istorice tot în glumă.

Adevărul este că cine are informaţia are putere, iar preşedinţii şi prim miniştrii care s-au perindat prin palate nu au primit informaţiile necesare, semnând documente de importanţă deosebită mai puţin informaţi, ca primarii, ei nefiind incluşi în Art. 11, şi deci nu pot fi pedepsiţi, deşi Ion Iliescu şi ai lui au promulgat aceste legi.

Şi Legea 14/1992 Art. 45, dovedeşte cu prisosinţă intenţia ascunderii adevărurilor istorice despre cotropirea şi colonizarea forţată a României, de către URSS după 23 aug. 1944, instaurând un regim comunist ce a terorizat și jefuit națiunea română.

Analizând prevederile Art. 17 din Legea 71/1994, lege care a asigurat mulți ani conducătorilor poliției române dreptul (citez din textul legii) pentru COORDONAREA CRIMEI ORGANIZATE ȘI A INFRACȚIUNILOR GRAVE ÎN INTERESUL URMĂRIRII PENALE, orientare clară a direcției în care am mers douăzeci și trei de ani, spre marginea prăpastiei, dacă nu interveneau capitaliștii, dușmanii poporului, să ne monitorizeze pe alt făgaș.

Am precizat termenul COORDONAREA pentru că cei care au propus, dezbătut, votat, promulgat, tipărit și răscitit acest articol 17 din Legea 71/1994, nu au folosit termenul firesc COMBATEREA CRIMEI ORGANIZATE prin toate mijloacele și metodele, cu toate efectivele, ci COORDONAREA CRIMEI ORGANIZATE, cum am spune buna funcționare a crimei organizate, asigurând locuri de muncă pentru toți interlopii, mafioții autohtoni și străini, prin vămi, piețe, angrouri industrie, sistemul bancar, sindicate, partide politice, ministere, guverne, justiție, presă ș.a.

Astfel, formularea pentru «COORDONAREA CRIMEI ORGANIZATE» a adus în ultimii douăzeci de ani din istoria legislativului nostru, o pată neagră, o perioadă tristă, lege impusă comandanților poliției române, în birourile vameșilor care au mai beneficiat și de alte legi ticăloase ale căror prevederi în loc să repare ce au stricat, tot ei, parlamentarii și I. I. Iliescu au mai descoperit o găselniță pentru a nu întrerupe traficul ilegal, contrabanda cu produse aducătoare de profituri pentru interlopi, pentru mafioți, nicidecum petru cetățenii cinstiți, corecți în relațiile interumane și de muncă, ce-i drept cu conștiința curată, dar săraciți de cei îmbogățiți fără scrupule.

Ați săvârșit toate aceste nelegiuiri cu sprijinul tovărășesc al ofițerilor ruși care intrau în cabinetul generalului Militaru. Mă îngrozește și acum somația sentinelei către mine, însoțită de armarea AKM-ului pentru a mă retrage din calea delegației rușilor.

Pentru ce ați permis revoluționarului Dan Iosif să distribuie armament și muniție unor tineri neinstruiți, pentru a intimida civilii care se aflau în interiorul şi exteriorul CC-ului sau pe străzile Bucureştiului începând cu seara de 22 decembrie 1989?... Pentru liniştea pe care o cereaţi la televiziune în scopul mârşav de a aduce la putere fără voia românilor doar activul de partid pro Iliescu, pro sovietic? Am fost tot timpul în acele zile fierbinţi umbra dumneavoastră, în sediul CC, în televiziune, în cabinetul gen. Militaru, am fost la un pas să vă las în mâinile activistului N. Mihalache, dar am fost conştient că urma un război civil, pentru că noi, doar românii cinstiţi din securitate, ne săturasem de activiştii de partid lipsiţi de demnitatea de a fi români patrioţi, dornici fiind doar de putere şi avantaje materiale.

Morţii nu vă iartă, eu nu vă iert, în Dumnezeu nu credeţi, nu ştiu cine vă poate ierta.

Autorul

LIVRAREA MASCATĂ A DROGURILOR

Legea nr. 218/2002 privind organizarea și funcționarea Poliției Române

(publicată în Monitorul Oficial nr. 305 din 9 mai 2002):

Capitolul I. Dispoziții generale.

Art. 3. În îndeplinirea misiunilor care îi revin, Poliția Româna cooperează cu instituțiile statului și colaborează cu asociațiile și organizațiile neguvernamentale, precum și cu persoanele fizice și juridice, în limitele legii.

Art. 32. (1) Pentru combaterea infracțiunilor săvârșite în condițiile crimei organizate ori în interesul urmăririi penale, poliția poate utiliza metoda LIVRĂRII SUPRAVEGHEATE a drogurilor și nu numai.

(2) Livrarea supravegheată constituie metoda folosită de instituțiile sau organele legal abilitate, cu autorizarea și sub controlul procurorului, care constă în permiterea trecerii sau circulației pe teritoriul țării a drogurilor ori precursorilor și bunurilor care fac obiectul unor infracțiuni sau ale căror deținere și comercializare sunt interzise, în scopul descoperirii activităților infracționale și al identificării persoanelor implicate.

Domnule ION ILIESCU, PROMULGÂND ACEASTĂ LEGE CARE ASIGURĂ DE FAPT LIVRAREA MASCATĂ A DROGURILOR, ACTUALA GENERAȚIE DE TINERI DISTRIBUITORI ȘI CONSUMATORI VĂ BLESTEAMĂ CÂND SE VĂD ARUNCAȚI ÎN DUBELE ȘI ÎNCHISORILE CONSTRUITE CU PREMEDITARE TOT DE DVS. PENTRU DISTRUGEREA NAȚIEI ROMÂNE, PRIN ACEASTĂ CRIMĂ DEPĂȘIȚI ORORILE SĂVÂRȘITE DE GHEORGHIU DEJ, N. CEAUȘESCU. CU ASEMENEA LEGI, PSD-ul CU DUMNEAVOASTRĂ ÎN FRUNTE ÎȘI VA RETRAGE „AMBASADORII" INFILTRAȚI ÎN TOATE PARTIDELE POLITICE DE CENTRU ȘI DE DREAPTA și va trage obloanele sediilor partidului dumneavoastră din toată țara.

Autorul

DE CE, IOANE ?

De ce, Ioane? Pentru tine şi ai tăi REVOLUŢIE, pentru ţară INVOLUŢIE? Pentru cei care s-au îmbogăţit şi continuă să se îmbogăţească în mod necinstit, fraudulos, în dauna a 90% din populaţia României, de pe urma loviturii de stat din decembrie 1989, pentru tine a fost cu adevărat o REVOLUŢIE, o şansă DE A-ŢI TÂLHĂRI CONCETĂŢENII, condamnându-i la sărăcie, la INVOLUŢIE, pentru a te COCOŢA pe capul naţiunii române!

Deşi aceastặ mare parte a societăţii civile a fost reprezentată la mitingul maraton paşnic din PIAŢA UNIVERSITĂŢII în primăvara lui 1990, de o parte a românilor cinstiţi sub lozinca FĂRĂ COMUNIŞTI, cei mai mulţi au stat la sfat pe uliţile satelor, comunelor sau prin cârciumi, nefiind capabili să înţeleagă ce se întâmplă, să se teamă de pericolul revenirii la putere a celui mai perfid activist al CC al PCR, ION ILIESCU, STALINISTUL ce a contribuit la COLECTIVIZAREA FORŢATĂ, specializat la MOSCOVA în jurul căruia s-au adunat activiştii PCR-ului cu SECRETARII şi primii secretari de JUDEŢE şi ORAŞE în 1989, actualii BURGHEZI-SOCIALIŞTI, de parcă România ar fi o Republică Burghezo-Socialistă.

Ce putem spune astăzi, când străzile oraşelor au ajuns teatre de lupte, cu urmări grave pe plan intern şi extern, la care toţi cei care în iunie 1990 au aplaudat minerii, au votat în acelaşi an şi în 1992, în mod inconştient sau conştient ruşinos, iresponsabil.

Dacă cineva din România de azi mă va contrazice argumentat, susţinând că decembrie 1989 a adus românilor libertatea şi prosperitatea, să spună cititorilor noştri care este cauza apariţiei clasei BURGHEZO-SO-CIALISTE şi a marei majorităţi SĂRACE, fără locuri de muncă, fără perspectivă.

Curajul lui Ion Iliescu şi ai lui îmbogăţiţi, ascunşi în prezent în toate partidele politice, susţin teoria înfăptuirii unei REVOLUŢII în 1989, a creșterii nivelului de trăi și a libertății, de fapt, a dreptului celor săraci de a admira luxul și ospățul celor bogați, gen Mircea Dinescu, privindu-l ca pe un favor la ospățuri cu vițeluși la proțap, cu budane cu vinuri selecte, în CONACE, VILE și moșii.

De ce, IOANE? De ce, EMILE? De ce, DINESCULE? De ce, Dineștilor?

Când voi aveți o nemulțumire o rezolvați vorbind la o televiziune, la guvern, în parlament, la interne, la externe, iar cei care v-au votat să-i ocrotiți de politicienii CĂPUȘĂ, vorbesc de 24 de ani LA PEREȚI, ajungând să vorbească singuri pe stradă.

Ce faci, TRAIANE? Când ne scapi de HOȚII ȚĂRII? De CEI ce NU TE INFORMEAZĂ LA TIMP din Serviciile de INFORMAȚII despre STAREA NAȚIUNII, de teama prevederilor Art.27 și 28 din Legea 51/1991 și Art. 45 din Legea 14/1992, impuse Serviciilor de Informații câinilor credincioși ai românilor.

Când va fi promulgata noua lege a Siguranței Naționale a României, cerută de Președintele Corneliu Coposu încă din anul 1995, înainte să fie „TRATAT" în Spitalul UNIVERSITAR din București, cerându-mi să realizez o LEGE dreaptă pentru Siguranța Națională a României, pentru toți românii, de la VLADICĂ la OPINCĂ.

– Eu mi-am respectat promisiunea încă din anul 1996.

– Țărăniștii care au spus că nu se mai poate fura, l-au trădat pe Corneliu Coposu.

– Liberalii lui Tăriceanu au îngropat noua lege propusă, ca și țărăniștii lui Ion Diaconescu.

– Președintele Băsescu a trecut această LEGE prin CSAT și a trimis-o Instituțiilor abilitate, fapt pentru care îi mulțumesc.

– În Comisiile de specialitate din Cameră și Senat a fost acceptată și așteaptă dezbaterea.

– Cine se teme de această LEGE? De forța ei COERCITIVĂ? Dorind poate să o tranșeze precum noua constituție?

Autorul

TALER CU DOUĂ FEȚE

Mai relevant decât acest titlu în limbaj popular, nu am găsit pentru a mă face înțeles de toți românii, de la VLĂDICĂ până la OPINCĂ, prin expunerea situației tragice în care se afla România, după 25 de ani de la eliminarea fizică a lui N. Ceaușescu și regretabila înlocuire cu un TALER CU DOUĂ FEȚE, un FARSOR, o slugă a puterii Sovietice Staliniste încă din anii studenției la Moscova, un propagandist al marxism-leninismului din tată în fiu, din fragedă copilărie și până în prezent.

Eliminarea fizică a lui Ceaușescu a fost pecetluită de TALERUL CU DOUĂ FEȚE Ion ILIESCU, dar cum regretele sunt tardive, încerc, prin expunerea ce urmează, să amintesc conaționalilor mei și nu numai, un fapt real, o slăbiciune a ROMÂNILOR, a firii lor și anume SUPERFICIALITATEA în tratarea unor evenimente majore, vitale pentru viață și viitorul lor, speculată din plin și cu orice prilej.

Sunt convins că nu toți oamenii politici sunt TALERE CU DOUĂ FEȚE, exceptând câțiva, fie ei membri simpli sau președinți de partide, motiv pentru care dau ca exemplu incomparabila atitudine, demnitatea și orientarea politică a Președintelui Corneliu Coposu, în comparație cu Președintele Ion Iliescu și discipolii lui, pe care îi consider TALERE CU DOUĂ FEȚE.

Pentru modul necinstit în care a luat puterea politică în decembrie 1989 și o conduce și astăzi prin metode staliniste de eliminare a dușmanilor clasei muncitoare prin MINERIADE, LUPTE de stradă SINDICALE, uitând de BURGHEZIA PROLETARĂ din PSDMR-ul înființat în 1892, infiltrat în partidele istorice PNȚCD și PNL, ținute în adormire în timp ce PSDR Cunescu, furat de Ion Iliescu, pentru Internaționala a II-a Socialistă, în anul 2000, contra mita pentru tăinuire cu un post de ministru pentru Atanasiu pe care îl consider TALER CU DOUĂ FEȚE.

Pentru acest motiv, deși mă aflam în postura de pensionar al DSS, m-am implicat în mod conștient și dezinteresat în zilele fierbinți din decembrie 1989, cunoscând pericolele iminente pentru integritatea teritorială a României și a națiunii române, fiind martorul atât al luptelor de stradă, cât și al luptelor din culisele puterilor foste și viitoare, între activiștii PCR civili și militari pro Ceaușescu și cei pro SOVIETICI, pro Iliescu, care au acționat în TELEVIZIUNE, în sediul CC al PCR, în cabinetul Ministrului Apărării, pentru masacrarea USLA-șilor eroi, colonelului erou TROSCA.

Am stricat multe jocuri de culise pe care le intuiam și care s-au dovedit a fi reale prin mustrările și avertizările primite din partea unor ACTIVIȘTI ce ar fi dorit revenirea lui Ceaușescu chiar și din fața plutonului de execuție, dar am preferat să primesc o pedeapsă de doi ani închisoare cu suspendare și 22 de ani de viață de calvar, decât să înceapă în România războiul civil fratricid, urmat de dezmembrarea României, la fel ca a Iugoslaviei. Poate unii cititori se vor întreba de unde am știut când să fiu prezent în locurile în care se decideau diversiuni și acțiuni în scopul transformării României într-un teatru de război, cu urmările lui nefaste, posibile și pe plan European.

Răspunsul este unul singur, DIN CEI 25 DE ANI de SERVICIU MILITAR, din activitatea de ofițer tehnic-operativ în țară și în afara țării, prin natura atribuțiilor pe linia Direcției a V-a, de dotare și asigurare a comunicațiilor, control tehnic și protecție antiteroristă și nu în ultimul rând, intuiția pe baze logice de a fi prezent în momentul potrivit la locul potrivit.

De altfel, cu toții am fost martorii unor reproșuri exprimate prin gesturi simple, adresate de Gorbaciov lui Ceaușescu, prin care își aroga dreptul de comandant al Tratatului de la Varșovia, gesturi identice cu cel care a făcut ca mareșalii și generalii sovietici să ia poziția de drepți la ridicarea degetului arătător, precum unor cățeluși neascultători, televizați în tribuna oficială a Kremlinului cu ocazia funeraliilor lui C. Cernenko, poziție ce-i drept, Ceaușescu nu ar fi luat-o nici mort.

Argumentez aceste afirmații prin avertizările repetate, transmise personal de Gorbaciov lui Ceaușescu cu ocazia vizitelor în România, cerând renunțarea la metodele staliniste de asuprire a românilor sau renunțarea la funcția supremă în stat, propuneri neonorate de Ceaușescu, de teama de a nu fi înlocuit cu Ion Iliescu, agreat de Gorbaciov.

Ce nu cunosc românii, din vina lor, despre cei care au adus țara și pe ei în starea de sărăcie materială, dar și morală, este modul superficial de a gândi, de a se informa, privind acțiunile antisociale, antinaționale, stabilite în culisele noii puteri politice, privind ELIMINAREA prin metode staliniste din instituțiile statului în mod deosebit, din funcțiile de decizie strategice, de la Serviciul de Informații, armată, administrație publică, până și în domeniul public și privat, a celor ce nu se supun planului de distrugere a întregii economii naționale, pentru sabotarea comerțului nostru exterior și pierderii piețelor externe și inevitabil, creșterii șomajului prin demolarea întreprinderilor rămase fără obiectul muncii.

Scopul? Aducerea României în stare de sărăcie pentru un cât mai ușor control și manipulare a societății românești PE TERMEN LUNG, în campaniile electorale, pentru determinarea românilor să se întoarcă cu fața spre răsărit, spre țara care a susținut că „lumina vine pentru români de la răsărit", „omul este cel mai prețios capital", „omul va învinge natura", lozinci, lozinci și iar lozinci.

Țelul final a fost realizat în primii cinci ani de privatizări frauduloase a marilor întreprinderi demolate, vândute la fier vechi, salariații rămași pe drumuri îngroșând rândurile șomerilor, iar terenurile aferente, vândute pe bani grei, bani intrați în conturile noii burghezii.

Pentru a domina scena politică românească, au decis sărăcirea populației urmată de eliminarea fără teamă a adversarilor politici, a celor trei partide istorice ca și în anii 1946, au eliminat fără teamă, prin concurența neloială, prin dosare penale trucate și înlocuiți cu oameni cu două fețe.

Acești activiști nou numiți în funcții, susținuți prin metode staliniste de conducătorul cu vastă experiență Ion Iliescu, instalat în fruntea țării în trei legislaturi ca președinte până în anul 2004 fără întrerupere, dat fiind pauza de odihnă și petreceri între anii 1996–2000 a PDSR-iștilor îmbogățiți, la care au pus botul și „politicienii" fostelor partide istorice, în frunte cu Emil Constantinescu, Ion Diaconescu fără să fie deranjați de REVOLUȚIONARII AUTENTICI, ce-i drept foarte ocupați cu lupta dintre asociațiile autenticilor și a falșilor revoluționari în frunte cu Ion Iliescu, ocupat în regim de urgență cu îndeplinirea sarcinilor PCR, cotizațiile PCR restante.

Personal, doresc ca în acest an, să dea Dumnezeu fiecăruia dintre români pe măsura bunelor lui gânduri pentru România, pentru familiile și prietenii lui oriunde s-ar afla, sănătate și prosperitate.

Autorul

GUSTUL PUTERII

PUTEREA, cuvânt explicat sub toate aspectele în dicţionarul limbii române, nu a fost niciodată mai râvnit ca în ultimii 25 de ani, de cei care, reinstalaţi în 1990 în jilţurile moi ale puterilor legislative, administrative şi judecătoreşti AU UITAT JURĂMÂNTUL DEPUS la instalarea în funcţie, devenind demagogi, avizi de putere şi îmbogăţire, ignorând gustul amar al judecăţii de apoi, judecata de care nu vor scăpa nici în mormânt.

PUTEREA primului eşalon intrat la guvernare după 22 decembrie 1989, mascată în CALUL TROIAN botezat Frontul Salvării Naţionale, care, cu mici excepţii precum Doina Cornea, au stat ascunşi băieţii deştepţi sub bagheta unui devotat COMSOMOLIST, a cărui idealuri nedeclarate, dar scrise privind trecerea la intensificarea activităţilor organizaţiilor PCR, UTC, obligaţia plăţii cotizaţiilor lunare în aceleaşi conturi bancare din 1989, continuă activităţilor antiromâneşti şi a învăţământului de partid în armată.

NU ÎN ULTIMUL RÂND, a ordonat penetrarea masivă a partidelor istorice PNŢ, PNL şi PSDR, compromiterea lor prin lozinci defăimătoare în acelaşi mod ca şi în anul 1946, iar prin votul CETĂŢENILOR mai puţin conştienţi, au preluat PUTEREA în slujba exclusivă a interesului lor personal sau de grup, de îmbogăţire prin orice mijloace în dauna intereselor celor ce i-au instalat în aceleaşi jilţuri moi, de viitori capitalişti.

Să fie oare societatea capitalistă modernă din ţările civilizate, formată din asemenea specimene, aşa cum la noi, de regulă foşti şi actuali activişti ai fostului şi actual regim comunist, infiltraţi în toate partidele politice, în toate instituţiile importante ale statului, dominând primele trei puteri din România, parlament, guvern şi justiţie?

Să fie oare atât de numeroasă această categorie socială de capitalişti oneroşi, posesori de averi ilicite, încât să nu poată fi eradicată? Averi ce pot fi suficiente pentru refacerea bugetului de stat, dar mai ales a bugetului cetățenilor de pe urma cărora s-au îmbogățit.

PUTEREA de a decide în fața urnelor de vot spre binele tuturor românilor, susținerii drepturilor cetățenilor, deși nu se regăsește în activitatea celor mai mulți demnitari, aleși prin vot sau numiți, poate fi în viitorul apropiat un mod firesc de comportament al celor ce dețin puterea de decizie, cu condiția ca legislativul actual să accepte, să dezbată, să voteze și să aplice strict prevederile unei noi propuneri privind Legea Siguranței Naționale și de reorganizare a Serviciilor de Informații, în scopul apărării dreptului cetățenilor României.

Puterea românilor de a se reface din punct de vedere moral, spiritual, material, al prestigiului și imaginii în lume, se află în spiritul legilor propuse, fiind imperios necesare în cazul României după ieșirea de sub talpa burgheziei proletare, a activiștilor PCR în anul 2014, anul alegerilor hotărâtoare pentru următorii 75 de ani.

Atunci vor simți toți românii gustul puterii în sistemul capitalist modern, ca posesori de capital, gust deprins în țările în care au obținut și acceptat locuri de muncă onorabile, cei instruiți și educați în spiritul dragostei de muncă, nicidecum din cerșit, furat, din terorism sau prostituție, mai ales a prostituției politice.

Scriu aceste rânduri datorită PROVIDENȚEI, faptului că în decembrie 1989 am fost prezent, cred trimis în misiune și în comandamentul generalului Tudor din televiziune, unde am descoperit omul de încredere al lui N.Ceaușescu, activistul CC al PCR, Nicolae Mihalache, colaborând în secret cu generalul, pentru a prelua televiziunea și ordona eliberarea lui Ceaușescu din garnizoana Târgoviște, pentru a prelua comanda gărzilor patriotice și ale gărzilor activiștilor înarmați ai PCR din toată țara, instruiți și înarmați, pentru pedepsirea exemplară a celor care l-au îndepărtat de la PUTERE.

Dovada? Nic. Mihalache a fugit când l-am întrebat pe generalul Tudor ce face Mihalache aici? Generalul mi-a răspuns: „Mihalache mă consiliază pe mine", fapt ce i-a atras alungarea din Statul Major și din televiziune.

Dacă domnul general Iulian Vlad nu dorește să spună și romanilor „ce le-ai făcut, măi Prichici", așa cum s-a exprimat la prima noastră întâlnire după mai mulți ani de la despărțirea din 22 decembrie 1989 din CC al PCR, pentru a executa unele ordine precise întocmai și la timp, pe care mi le-a dat, atunci să auzim numai de bine.

Să mulțumim PROVIDENȚEI că am scăpat de un război civil.

Perestroika, strategia lui Gorbaciov și a mai tânărului urmaș PUTIN, foști KGB-iști, NKVD-iști, în prezent creștini ortodocși naționaliști nu mai contează, a fost asul din mânecă pentru refacerea rețelelor de informații, urmarea declinului în care intrase Moscova în urma fugii generalului Ioan Mihai Pacepa și deconspirarea rețelelor de spionaj prietene care lucrau direct pentru Moscova, ca informatori privind strategiile și tacticile NATO, și nu în ultimul rând, teama de a nu cunoaște la zi noile tehnologii militare, necunoscute Moscovei după căderea rețelei respective.

Argumentele mele în susținerea acestei afirmații sunt:

1) Contractele cu statele occidentale avansate tehnologic precum Franța, știre dată de presa din țara noastră privind livrări, printre care și două nave de război dotate cu ultimele tehnologii militare.

2) Renunțarea activiștilor PCUS la acuzele și propunerea de condamnare a lui Mihail Gorbaciov pentru înaltă trădare, pentru desființarea URSS-ului, iertat doar când au înțeles scopul real al perestroikăi lui Gorbaciov, deschidere pentru a obține noutăți tehnologice, științifice militare incluse în tehnica militară comandată în țările avansate tehnologic și refacerea rețelelor informativ-operative la nivel mondial, distruse de Pacepa.

Autorul

MACHIAVELICII

Acești activiști MACHIAVELICI ai partidelor politice nedeclarate, dar în fond COMUNISTE, afiliate la INTERNAȚIONALA SOCIALISTĂ, ca și PSD-ul lui Ion Iliescu și ai lui discipoli, sunt în aceeași măsură pericol mondial, ca și FASCIȘTII de dreapta, cu deosebirea că cei de dreapta au fost condamnați după al Doilea Război Mondial.

Pentru a nu fi acuzat de plagiat, voi menționa doar numele MACHIAVELI, ce se potrivește ca o mănușă FASCIȘTILOR, cât și celor care, în ultimul secol și până în zilele noastre au bântuit și bântuie pe tot pământul, SUB STEAGUL ROȘU CU SECERA ȘI CIOCANUL, însoțite de lozinci Marxist-leniniste.

Ascunși sub masca SOCIAL DEMOCRAȚIILOR, oriunde în lume, judecați și condamnați după al Doilea Război Mondial, fasciștii de stânga atacă și în prezent atât ROMÂNIA cât și STATELE UNITE EUROPENE și SUA, pentru a le cuceri în stil MACHIAVELIC, prin. VICLEȘUG, MINCIUNĂ, LIPSĂ DE SCRUPULE, SPIONAJ, MANEVRE DIABOLICE TERORISTE, scopul scuzând mijloacele.

Din păcate, timpul lucrează în favoarea MARXIȘTILOR, acceptați la masa tratativelor și în actuala UNIUNE EUROPEANĂ, acționând prin toate metodele și domeniile de activitate, profitând de slăbiciunile înțelepților lumii capitaliste democratice, pe care nu le voi aminti, dar o vorbă din popor totuși o voi aminti: «SĂTUII NU CRED FLĂMÂNZILOR», sutelor de milioane de asupriți de Moscova, milioanelor de exterminați fizic, deportați în masă pentru purificarea etnică a teritoriilor abuziv ocupate precum Basarabia, sudul Basarabiei, Tiraspol, Bucovina, fără a aminti și de suferințele țărilor Baltice.

Flamanzi sunt cei sărăciți de COMUNIȘTI până în 1989 și după, iar comuniștii sunt cei care atacă din spatele valului de nemulțumiți sau pe val, pentru a recuceri PUTEREA, pentru reluarea jefuirii oamenilor şi statului, infiltraţi în toate partidele politice la nivelul factorilor de decizie, sub privirile occidentului.

Ca şi în cazul recentului atac la adresa democraţiei şi imaginii României în lume, de către Internaţionala Socialistă, prin MARXIŞTII lui Ion Iliescu, vor lovi în acelaşi mod cinic, MACHIAVELIC şi în conducerea Uniunii Europene, lovituri fără preaviz, în termeni ofensatori, nediplomatici.

Nu pot fi de acord cu dispreţul unor demnitari occidentali, a celor care, din lipsa cunoaşterii deciziei istorice, condamnabile, din 1945 la Ialta (Crimeea), când, pe un petic de hârtie, Churchill, Roosevelt şi Stalin au lăsat România şi românii într-un lagăr comunist, din care nici în prezent nu sunt salvaţi, folosindu-ne ca scut viu la gurile Dunării, oprind cu preţul vieţii moldovenilor o nouă invazie rusească a occidentului, sub pretextul protecţiei minorităţii RUSE din Moldova, mâine sub acelaşi pretext din România, poimâine din Ungaria, Germania şi aşa mai departe, până în Portugalia.

Arma RUŞILOR care i-a învins pe Napoleon Bonaparte şi pe Adolf Hitler, a fost IARNA, iar ca surpriză în prezent şi viitor, vor învinge OCCIDENTUL întrerupând livrarea energiei spre centrul şi vestul Europei, în plină iarnă sau în plină vară fierbinte şi un mic supliment de arme meteorologice pentru secetă, incendierea pădurilor şi mari inundaţii, seisme artificiale şi alte arme secrete, generatoare de suferinţe, de proteste ale populaţiilor sărăcite moral şi material, a maselor largi de necunoscători ai adevărurilor istorice.

Nu sunt de fel pesimist, sunt chiar optimist, ca şi cei mulţi şi oropsiţi, dornici să fie informaţi prin toate mijloacele de comunicare directe şi de la om la om, despre cauzele suferinţelor lor din trecut, dar mai ales speranţele din prezentul şi viitorul program pentru o Românie Europeană. Pentru ca românii să nu trăiască într-un regim politic REPRESIV faţă de cei săraci şi cinstiţi, regim protector doar ai celor lacomi, dornici de îmbogăţire, ofer la cererea celui care a fost Corneliu Coposu şi la apelul Preşedintelui Traian Băsescu către Guvernul Tăriceanu, prin Comunicatul de presă din 24. 07.

2006 privind introducerea urgentă în Parlament a legilor privind Siguranța Națională a României, organizare și funcționare a Serviciilor de Informații.

Cerere fără răspuns din partea Primului Ministru Călin Popescu Tăriceanu, timp de doi ani, și a Guvernelor care au urmat până în prezent.

De ce se opuneau și se opun politicienii noștri înlocuirii Legilor 51/1991 și 14/1992, promulgate de Ion Iliescu, cu alte legi noi, propuse de miniștri și parlamentari?

Răspunsul este simplu. Art. 11 din Legea 51/1991, NU PERMITE prim miniștrilor și președinți ai României, ACCESUL LA INFORMAȚII, de interes militar, strategic, economic, social, necesar în actul de decizie, în acești ultimi douăzeci și trei de ani, pentru a nu răspunde pentru deciziile lor antisociale, antinaționale, nefiind incluși în textul legii mai sus amintite, promulgate de Ion Iliescu.

Încurajat de angajamentul ferm al actualului Președinte Klaus Iohannis, adept al LUCRULUI BINE FĂCUT, de eliminare sper și a ticăloaselor Legi 51/1991 și 14/1992 cu prevederile lor antiromânești folosite timp de 23 de ani, am depus azi, 05.02.2015 cu Nr. 2893, un pachet de legi pentru îmbunătățirea activităților Serviciilor de Informații și privind Siguranța Națională a României.

Solicitarea mea se referă la susținerea acestor propuneri în ansamblul lor, cât și la susținerea sub patronajul Instituției Prezidențiale a prevederii Anexei 6 și 9 din pachetul legislativ, care prevede intrarea pe scena politică a României în campanii electorale, pe lângă politicieni, membri ai partidelor politice și a membrilor Clubului Elitelor atestați ca demnitari publici și de stat, conform prevederilor Anexelor 6 și 9 la propunerea legislativă menționată.

Ofer pentru lecturare pachetul legislativ cu anexe și documente ce fac trimitere la aceste posibile viitoare legi, ce vor schimba în bine viața noastră, a românilor din țară și de pretutindeni, a prestigiului nostru, al României în lume, uniți în cuget și simțiri pentru implementarea acestui proiect, și pe veci uniți.

Autorul

MĂRUL DISCORDIEI: CONSTITUȚIA

Mărul discordiei, „Constituția", a ajuns la un nivel fără precedent în anul 2012, între politicienii socialiști din USL și cei democrați din opoziție, pe tema prevederilor actualei Constituții cu privire la numirea și puterea de decizie a Primului Ministru al Guvernului și drepturile constituționale a Președintelui României, ca Președinte și al CSAT și Comandant Suprem al Forțelor Armate, în timp de pace sau de război.

Întrebarea care se pune este: cine pe cine numește și cine este mai mare în STAT; Primul Ministru ar vrea să fie el cu orice preț, dar Constituția din 2003, prin prevederile Art. 80 până la Art. 94, spun clar că Președintele este ȘEFUL.

În anul 2012, a început conform programului USL modificarea CONSTI-TUȚIEI și se desfășoară sub privirile noastre, a românilor avizați, cât și sub privirile nedumerite ale celor neavizați, care declară că nu fac politică și nu cunosc la ce se referă termenii POLITICA, POLITICIENI, NAȚIUNE, STAT, termeni ce sunt explicați clar în dicționarul limbii române, iar ei, cei neavizați, spun că știu doar unde se dau ajutoare sociale de la Uniunea Europeană, pe care le duc cu taxiurile acasă de grele ce sunt și mai știu că au dreptul la o masă caldă pe zi, pentru a avea motiv să-l voteze pe „ESCU".

Amintesc „clasei de mijloc" a cetățenilor români, care declară că nu fac politică, să nu uite că și ei gândesc de fiecare dată când nu pot asigura familiei pâinea cea de toate zilele, când în plină iarna stau fără căldură, fără hrană, ajungând să bată la ușile politicienilor, guvernanților și patronilor care nu răsplătesc munca lor, a salariaților decât în campanii electorale, cu promisiuni, în rest, jefuiesc și umilesc întreaga națiune.

Amintesc tuturor românilor, fie el elev, student, salariat public sau privat, pensionarilor, care vor să dețină puterea, să fie liberi și stăpâni pe viața lor, să se informeze permanent în domeniul profesiei lor viitoare, prezente sau din trecutul activității lor, cunoașterea, informația, înseamnă PUTEREA de a decide singur asupra prezentului și viitorului fiecărui om, a unei familii și colectivități mai mici sau mai mari, fără limită.

STATUL sunt EU, spunea Ludovic al XIV-lea, astfel, denumirea de STAT a devenit un mare pericol pentru toate națiunile, fiind însușit din vremuri de demult de toți guvernanții și politicienii în mod perfid, utilizat de organizațiile cu statut de persoane juridice private, numite partide politice, în scopul preluării puterii în stat și accesul fără limite la bugetul națiunii prin cumpărarea voturilor, cu promisiuni fără garanții, fără termene precise, oferind populației majoritare sărăcie și minciuni în ultimele 7 decenii.

De ce Organizația Națiunilor Unite nu s-a numit Organizația Statelor Unite?

Termenul STAT este impropriu, în DEX fiind definit ca ORGANIZAȚIE cu cel puțin trei oameni, deci, o echipă privată care nu poate înlocui termenul firesc de „NAȚIUNE", termen folosit de ONU, dar încălcat permanent de politicienii avizi de putere, sfidând drepturile cetățenilor unei NAȚIUNI.

România este o NAȚIUNE, o ȚARĂ cu un POPOR suveran, independent și democratic, membru al Organizației NAȚIUNILOR Unite, nicidecum al Statelor Unite.

Până în 1989, timp de patru decenii, națiunea română a fost administrată de un Guvern „STAT" al CC al PCR, al lui N. Ceaușescu și discipolii lui. După 1989 este administrată de organizații private, instalate la putere prin votul membrilor acestor organizații numite partide, de fapt, organizații ai căror membri uniți prin concepții politice, conduși demagogic și abil pentru realizarea intereselor lor personale și de grup, constituind răspunsul fără echivoc la eterna întrebare, cum a fost posibilă apariția clanurilor de corupți și corupători, de politicieni abili demagogi.

Încerc, argumentat, să trezesc la realitate o categorie socială grav afectată, defavorizată de simplitatea și pasivitatea în gândire, în utilizarea dreptului de a se informa și acționa legal, constituțional, pentru asigurarea unui climat de încredere, demn pentru munca și viața lor, pentru familie și societate. Şi totuşi, această categorie socială, deşi a participat în mod real, consecvent, prin exercitarea dreptului de vot, prin declaraţii publice pentru schimbarea radicală în bine, prin aplicarea principiilor democratice de separare a puterilor legislative, executive şi judecătoreşti, pentru întreaga naţiune română, a fost şi este şi în prezent grav afectată de politicienii demagogi.

În vederea ieşirii României din starea de colaps, adusă după 1989 de guvernarea neocomunistă, propun spre exemplu:

1. În viitoarea Constituţie, în Art. 1 (punctul 1, 2, 3 şi 4) să fie înlocuit termenul „stat" cu termenul NAŢIUNE, reformulat astfel:

– Art. 1 (1) România este naţiune suverană şi independentă, unitară şi indivizibilă. Art. 1 (2) Forma de guvernământ a NAŢIUNII române este republica.

– Art.1 (3) România este o naţiune democratică, în care demnitatea omului, drepturile şi libertăţile de dezvoltare ale personalităţii umane în spiritul principiilor democratice sunt garantate.

– Art.1 (4) Naţiunea română se organizează pe principiul separaţiei puterii executive, judecătoreşti, prezidenţiale şi legislative, în cadrul democraţiei constituţionale.

2. Preşedintele României, în calitate de Preşedinte al CSAT şi Comandant Suprem al Forţelor Armate este singura instituţie abilitată să decidă cu drept de VETO politicile naţiunii române şi reprezentarea pe plan intern şi extern, în timp de pace, de criză sau de război, în baza prevederilor Art. 80 alin.1 şi 2, din Constituţia României, după o prealabilă consultare a Parlamentului, Serviciilor de Informaţii, Guvernului şi Curţii Constituţionale.

3. În baza prevederii Art. 94 lit. c, din Constituţie, Preşedintele României numeşte Comisia de control şi supraveghere nemijlocită a activităţii Avocatului Poporului, pentru o perioadă de cinci ani.

4. Înfiinţarea Comisiei de control, formată din; jurişti, procurori, experţi contabili, finanţe bănci, ordine publică, sănătate publică, subordonata „Avocatului poporului" în colaborare cu experţii Curţii de Conturi, pentru protecţia cetăţenilor.

5. Președintele Băncii Naționale a României (Guvernatorul BNR) va întocmi în baza prevederilor Art. 2 din prezenta propunere și a statutului acordat de Legea nr. 312/28.06.2004 Cap. I, Art. 3/3, în colaborare cu Prim-ministrul și Ministrul de Finanțe, proiectul bugetului anual național, Guvernatorul având și dreptul de Control preventiv și dreptul de avizare, privind respectarea utilizării fondurilor, a termenelor execuției bugetare prevăzute în proiectul bugetului anual de către Primul ministru, miniștrii, promulgat de Președintele României.

6. Primul ministru, miniștrii, în calitatea de membri ai unor partide politice a căror interese partinice și individuale NU corespund totdeauna interesului strict național, vor exercita control preventiv numai asupra instituțiilor subordonate, privind finanțările, respectarea derulării programelor de finanțare, respectarea termenelor prevăzute în programul investițiilor pe termen scurt, mediu și lung, supunându-se și Comisiei de control prevăzută la punctul 3.

7. Acțiunile abuzive de penetrare a Instituțiilor Strategice din domeniul Siguranței Naționale de către persoane neautorizate, fără acordul scris al Președintelui CSAT, sunt considerate atentate la Siguranța Națională a României, judecarea și condamnarea fiind stabilite în regim de urgență.

În perioadele de crize în domeniul social, politic, economic, militar, generate de forțe ostile interne sau externe, prin amenințări armate la adresa națiunii române, se suspendă prevederile Art. 28 din Constituția României până la încetarea crizei și restabilirea păcii sociale.

8. MAI sprijină prin căi diplomatice în baza cererilor individuale, demersurile minorității rrome (țigan), pentru redobândirea naționalității și cetățeniei de indian, pentru evidențiere în toate documentele de identitate, prevăzute și la punctul 9. 29.

9. Art. 6 punctul (1) din viitoarea Constituție va avea următorul text: MAI recunoaște, garantează și stipulează în actele de identitate, naționalitatea și cetățenia atât a populației majoritare, cât și a minorităților naționale, garantează dreptul la păstrarea identității, naționalității, originii etnice, culturale, lingvistice și religioase în mod deosebit.

10. Trecerea necondiționată la Parlament Unicameral cu 300 de parlamentari, decizii stabilite prin referendum în anul 2009, pentru a ușura jugul impozitelor pus pe grumazul întregii națiuni pentru a acorda favoruri tot politicienilor veroși, politrucilor prosovietici și trecerea necondiționată prin Parlamentul României a acelei propuneri legislative privind Siguranța Națională și Serviciile de Informații din România, care asigură pacea socială, prosperitatea cu demnitate, în regim de urgență.

Prin acest exercițiu civic, am prezentat câteva exemple de posibile îndreptări a legii legilor, respectiv Constituția, de organizare și funcționare a Națiunii Române, cu speranța că acestea le vor da semenilor mei curajul de a gândi, vorbi și prezenta în scris, opiniei publice și politicienilor care le solicită votul în campaniile electorale, toate nemulțumirile lor și ale semenilor lor, spre binele națiunii române.

Autorul

PROIECT

PRIVIND LEGEA SIGURANȚEI NAȚIONALE A ROMÂNIEI (LSNR), ORGANIZAREA ȘI FUNCȚIONAREA DIRECȚIEI GENERALE A SERVICIILOR DE INFORMAȚII (D.G.S.I.)

Proiect redutabil, cu efecte vizibile imediate implementării descrise în Expunerea de motive.

Doar în acest CREUZET se va naște o ROMÂNIE PUTERNICĂ, PROSPERĂ ȘI DEMNĂ.

Realizat la cererea Președintelui PNȚ-CD Corneliu Coposu, în anul 1995.

COMUNICAT DE PRESĂ
(FOARTE IMPORTANT N. A.) – 24.07.2006

Astăzi, 24 iulie a.c., a avut loc, la Palatul Cotroceni, ședința Consiliului Suprem de Apărare a Țării, la care au participat Primul Ministru Călin Popescu Tăriceanu, Ministrul de Externe Mihai Răzvan Ungureanu, Ministrul de Interne Vasile Blaga, Ministrul Apărării Naționale Teodor Atanasiu, Ministrul Finanțelor Sebastian Vlădescu, Ministrul Justiției Monica Macovei, Șeful Statului Major general Eugen Badalan, foștii șefi ai SRI și SIE Radu Timofte și Gheorghe Fulga, prim-adjunctul SRI Florian Coldea, directorul adjunct SIE Silviu Predoiu, precum și consilierii prezidențiali Sergiu Medar, Ștefan Deaconu și Adriana Săftoiu. Principalul punct pe ordinea de zi în cadrul ședinței CSAT, au fost aspecte referitoare la demisia celor doi directori ai Serviciului Român de Informații și Serviciului de Informații Externe.

Președintele Băsescu a informat CSAT că, în momentul de față, din cauza contradicției dintre Constituție și Legea de funcționare a SIE, numirea șefului SIE nu este posibilă. Șeful statului a semnalat că legile Siguranței Naționale, cu accent pe Legea nr. 14/1992, care vizează funcționarea SRI, Legea 1/1998, care vizează funcționarea SIE, și Legea Siguranței Naționale nr. 51/1991 nu mai corespund nevoilor de securitate națională ale României. „Cu această ocazie, am rugat Guvernul să accelereze procesul de transmitere către Parlament a pachetului de legi care vizează siguranța națională", a declarat președintele Băsescu, apreciind că, în baza unei legislații din anii 1991, 1992 sau 1998, nu se mai poate face față amenințărilor la adresa siguranței naționale și a cetățeanului. „În acest context, am informat CSAT că nu voi face nominalizarea directorilor SRI și SIE până când nu vor fi adoptate în Parlament legile Siguranței Naționale și pusă în acord Legea SRI și SIE cu Constituția și cu pericolele reale, care se constituie în amenințări la siguranța națională și la siguranța cetățeanului", a spus șeful statului.

Președintele Băsescu a adăugat că, în funcție de conținutul acestor legi, rezultat prin votul din Parlament, va adopta o decizie cu privire la desemnarea directorilor celor două servicii, considerând că va fi nevoie de tipuri diferite de directori ai serviciilor pentru fiecare dintre cele două variante ale legislației.

Șeful statului a reamintit faptul că legislația propusă la începutul acestui an viza demilitarizarea, ca o ultimă etapă în procesul de reformare a serviciilor de informații românești, și creșterea atribuțiilor în ceea ce privește supravegherea persoanelor susceptibile de a atenta la siguranța națională. De asemenea, președintele Băsescu a apreciat că dezbaterea publică ce a urmat trimiterii către Parlament, după ședința CSAT din luna februarie, a proiectelor de legi aflate și acum în discuție, a fost una „incorectă", prin faptul că a accentuat că aceste legi sunt îndreptate împotriva a 22 milioane de români: „Vreau să precizez, încă o dată, că proiectele de legi, cu destule deficiențe, dar care întăreau capacitatea structurilor de siguranță națională în lupta împotriva celor care fac acte care afectează siguranța națională și a cetățeanului, vizau numai pe aceia care încălcau legea și nu pe cele 22 de milioane de români sau nu pe cetățenii cinstiți ai țării."

Șeful statului a considerat că această dezbatere „nu a fost decât o motivație de discreditare, pe de o parte, a Instituției Prezidențiale, iar pe de altă parte, o motivație de a amâna introducerea unei legislații adaptate la realitățile zilei de astăzi, de a întârzia creșterea eficienței instituțiilor statului în lupta împotriva terorismului, a criminalității economice, a criminalității transfrontaliere."

Președintele Băsescu a atras atenția că, „după ce s-au făcut toate incriminările cu putință și cei care apăreau la televiziuni păreau a ști exact ce trebuie făcut", până la urmă, în șase luni, aceste proiecte de lege nici măcar nu au fost promovate în forma dorită de aceștia. În context, șeful statului a amintit că în luna februarie a oferit aceste proiecte comisiilor de specialitate, afirmând că trebuie perfecționate: „S-a organizat un frumos show televizat, iar în CSAT-ul din aprilie le-am transmis Guvernului; s-au organizat din nou mese rotunde și show-uri, iar astăzi nu avem legislația de care avem nevoie pentru a răspunde amenințărilor la adresa siguranței naționale și a cetățenilor".

Președintele Băsescu și-a afirmat speranța că, odată cu trecerea prin Parlament a legilor Siguranței Naționale, se va înlătura atavismul dublei sau triplei atribuțiuni. Președintele a explicat că într-un caz cum este cel al lui Zaher Iskandarani sau al lui Omar Hayssam, după actuala legislație, niciunul dintre cele trei servicii cu atribuții în zona antiterorismului nu știe dacă un alt serviciu a primit din partea procurorului sau a judecătorului mandat să supravegheze un om aflat în libertate. „Într-o asemenea situație de disipare a atribuțiunilor este clar că suntem în situația în care instituțiile statului nu pot fi eficiente. Situații ca cea a lui Zaher Iskandarani și a lui Omar Hayssam care vizează marea criminalitate economică sau terorism, mai sunt 74, în momentul de față, cu oameni care au fost arestați și puși în libertate și serviciile nu au mandat de supraveghere asupra lor", a afirmat șeful statului.

Al doilea punct al ordinii de zi l-a constituit propunerea Președintelui țării privind desecretizarea Arhivelor Dunărea. În cadrul ședinței, șeful statului a propus ca CSAT să solicite Arhivelor Statului desecretizarea dosarului Dunărea pentru a facilita accesul la arhiva economică ce reunește aproximativ 680 de dosare care au fost predate anterior de către SIE. „CNSAS-ul, dacă are nevoie să se documenteze și în această arhivă, poate să găsească răspunsurile de care are nevoie", a adăugat președintele Băsescu.

În aceeași ședință, la propunerea Președintelui, CSAT a stabilit ca toate dosarele care se află la categoria dosare de securitate națională, aparținând unor oameni politici de la nivel parlamentar până la nivel de consilier local, să fie desecretizate. „Din acest punct de vedere, SRI așteaptă delegația CNSAS, în zilele ce urmează, pentru a fi predate", a subliniat șeful statului.

Întrebat de către reprezentanții mass-media dacă dumnealui cunoaște informații despre împrejurările în care Omar Hayssam a părăsit țara, Președintele a asigurat că dacă ar fi deținut informații le-ar fi făcut publice, pentru că astfel s-ar fi putut identifica vinovații în cazul dispariției lui Omar Hayssam. „Vă rog să nu confundați Instituția Prezidențială nici cu o instituție care are atribuțiuni de urmărire, nici cu o instituție care are atribuțiuni de a judeca. Am văzut că s-a stabilit astăzi la Parlament să se constituie o Comisie. Personal, văd că este o formidabilă zvonistică și toată lumea știe exact, doar serviciile nu", a precizat șeful statului.

În context, Președintele a ținut să sublinieze că a apreciat reacția șefilor celor trei servicii de informații care au demisionat. „Aș vrea să fac o corecție față de o afirmație făcută astăzi. În momentul în care le-am spus că în cazul Omar Hayssam nu am încredere în activitatea serviciilor pe care le conduceau au demisionat, ceea ce nu înseamnă că în activitatea lor nu au făcut lucruri bune. Modul meu de a fi este ca atunci când o structură a statului face un lucru bun să-mi manifest mulțumirea și atunci când o structură a statului greșește să sancționez public și greșeala", a arătat președintele Băsescu.

Departamentul de Comunicare Publică

Nota autorului: *Semnalul dat de președintele Traian Băsescu prin acest mesaj prezintă nu numai competența unui comandant suprem al armatei române și președinte al CSAT, ci și capacitatea de a sesiza pericolul bine ascuns în prevederile celor trei legi menționate la începutul comunicatului CSAT, ca și menținerea cu premeditare în vigoare a acestor legi ticăloase până la desființarea națiunii române, ștergerea ei de pe harta Europei, la cererea și cu sprijinul celor care au furat pădurile, petrolul și tot ce au mai bun și sfânt românii.*

2.

ROMÂNIA

ADMINISTRAȚIA PREZIDENȚIALĂ
Secretariatul Consiliului Suprem de Apărare a Țării

DSN1/264, din 04.03.2010

Domnule Director,

Referitor la scrisoarea dumneavoastră, înregistrată la Administrația Prezidențială cu nr. DSN1/264/2010, prin care supuneți atenției două proiecte de acte normative, având ca obiect un nou conținut al Legii siguranței naționale nr. 51/1991, precum și cel al constituirii și funcționării unei structuri informativ-operative denumite Direcția Generală a Serviciilor de Informații, specializată în culegere, stocare, clasificare, etc. a informațiilor puse la dispoziția factorilor de decizie în timp util, vă facem cunoscut că, întrucât Președinția României nu dispune de prerogativele constituționale ale inițiativei legislative, s-a decis ca materialele respective să fie transmise spre analiză fundamentată și calificată autorităților de stat competente în domeniu, pentru a fi avute în vedere în cadrul propriilor baze de date referitoare la proiectele actelor normative din programul lor legislativ.

Cu stimă,

CONSILIER DE STAT,
SECRETARUL CONSILIULUI SUPREM
DE APĂRARE A ȚĂRII
General-locotenent

ION OPRIȘOR

Domnului DUMITRU PRICHICI
DIRECTOR ZENITH TRADING CONSULT S.R.L.

BUCUREȘTI

Palatul Cotroceni, Bulevardul Geniului nr. 1-3, Sector 6, 060116 București, România
☏ 021 312 11 57   🖨 021 319 31 01   ✉ csat@presidency.ro

1 din 1

PARLAMENTUL ROMÂNIEI
Camera Deputaţilor
Comisia pentru apărare,
ordine publică şi siguranţă naţională

Bucureşti, 15.3.2013
Nr. 32/118

Stimate domnule Dumitru Prichici,

În legătură cu petiţia dumneavoastră, adresată Comisiei pentru apărare, ordine publică şi siguranţă naţională şi înregistrată cu nr. 32/118/2013, în care ne prezentaţi o iniţiativă legislativă privind *o nouă Lege a siguranţei naţionale a României şi de organizare şi funcţionare a Direcţiei Generale a Serviciilor de Informaţii*, vă aducem la cunoştinţă că propunerile dumneavoastră au fost analizate la nivelul Comisiei noastre şi, în momentul în care va fi dezbătut **Pachetul de legi privind siguranţa naţională**, acestea vom fi luate în considerare la elaborarea noii legislaţii din domeniu.

Cu stimă,

Preşedinte

Ion MOCIOALCĂ

Domnului Dumitru Prichici

PARLAMENTUL ROMÂNIEI
CAMERA SENAT

BIROU PARLAMENTAR
COLEGIUL 11 SENAT
SENATOR CORNELIU DOBRIȚOIŬ

Sector 6, București, Str.Drumul Taberei nr.92, Bl.C7
Tel.: 0740 845 233
e-mail: senatordobritoiu@gmail.com

Domnului locotenent colonel (r)
Dumitru PRICHICI

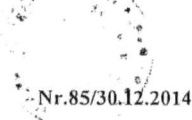

București   **Nr.85/30.12.2014**

In legatura cu propunerea dumneavoastra privind o noua Lege a sigurantei nationale a Romaniei si de organizare si functionare a „Directiei Generale a Serviciilor de Informatii" depusa la Comisia pentru aparare ordine publica si siguranta nationala din Senatul Romaniei Nr.XXV/140/18/11/2014 transmisa pentru studiu catre Biroul senatorial Colegiul 11 Senat, inregistrata cu nr. 85/03/12/2014 va aducem la cunostinta urmatoarele:
- apreciem ca fiind foarte utila propunerea dvs., urmare a unei atente analize si mentionam ca reprezinta o reala sursa in procesul actualizarii Pachetului legislativ privind Securitatea nationala;
- aceste propuneri vor constitui baza dezbaterilor la nivelul Comisiei noastre in momentul introducerii pe agenda a propunerii legislative in domeniu;
- institutii carora dvs., le-ati trimis aceasta propunere ne-au transmis documentatia spre analiza;
- personal am manifestat intotdeauna respect pentru experienta profesionala a militarilor in rezerva sau in retragere care poate contribui la consolidarea legislatiei securitatii nationale si voi aduce in discutie propunerile in Grupul politic PNL;

Va multumim pentru increderea pe care ne-o acordati si va asiguram ca vom lua in considerare propunerile dvs., in dezbaterile Comisiei cu privire la modificarea legislatiei in domeniu.

Cu deosebită considerație,

Corneliu Dobrițoiu

Senator

Nr. DSN1/249, din 27.02.2014

Referitor la scrisoarea dumneavoastră, adresată Președintelui României și al Consiliului Suprem de Apărare a Țării, înregistrată cu nr. DSN1/249/2014, la nivelul căruia solicitați o audiență pentru a-i fi prezentate mai multe propuneri constituite într-o sinteză de proiect de act normativ privind siguranța națională, vă facem cunoscut următoarele:

Conținutul materialului pe care ni l-ați comunicat la solicitarea noastră, pentru o completă edificare asupra obiectului audienței a prilejuit oportunitatea de a dispune o atentă și laborioasă analiză a întregului material.

Urmare acestui demers, s-a decis ca cele prezentate în acest proiect de act normativ să constituie un documentar de luat în considerare cu prilejul exercitării competenței CSAT de avizare a eventualului proiect de lege referitor la securitatea națională, inițiat de către Guvernul României, în temeiul art. 4, lit. d) din Legea nr. 415/2002 privind organizarea și funcționarea CSAT.

Pe de altă parte, întrucât unele dintre prevederile legale pe care le-ați propus pot sprijini autoritățile publice implicate în procesul de elaborare a actului normativ supus analizei, s-a decis ca materialul respectiv să fie comunicat acestora.

Precizăm, de asemenea, că potrivit prerogativelor constituționale și legale ce revin Președintelui României și al CSAT, aceste autorități nu dispun de abilitarea legală de a înainta proiectul de act normativ în procedură parlamentară, întrucât nu au drept de inițiativă legislativă.

În consecință, ținând seama de agenda extrem de încărcată a Președintelui României, s-a decis că, la momentul actual, nu se poate da curs solicitării de audiență la acest nivel, iar materialul propus spre analiză să fie valorificat în modul indicat mai sus.

CONSILIER DE STAT,

ION OPRIȘOR

Domnului
DUMITRU PRICHICI

Stimate domnule Dumitru Prichici

Serviciul Roman de Informatii considera ca din perspectiva interesului general al statutului de realizare a securitatii nationale, adoptarea unui act normativ in domeniul supus discutiei este foarte utila.

Sub aceste auspicii, am analizat cu deosebit interes proiectul transmis de dumneavoastra si apreciem ca acesta poate reprezenta o reala sursa in procesul de actualizare a pachetului legislativ in domeniul securitatii nationale aflat in discutie la nivelul comisiilor de specialitate ale Parlamentului.

In sensul celor de mai sus, va asiguram ca in formularea punctelor de vedere solicitate de catre comisiile parlamentare de specialitate in cadrul procedurilor specifice de analizare a pachetului legislativ in domeniul securitatii nationale, institutia noastra va lua in considerare toate propunerile formulate in sprijinul activitatii de realizare a securitatii nationale.

Va multumim pentru interesul pe care il manifestati fata de institutia noastra.

Cu stima,

SEFUL SECTORULUI

SERVICIUL ROMAN DE INFORMATII
B-dul Libertatii nr. 14, sector 5, 050706 - Bucuresti - Romania; www.sri.ro

6.

ROMÂNIA
MINISTERUL ADMINISTRAȚIEI ȘI INTERNELOR

NESECRET

Nr. 1.449.032 /DMIDI/S2/M.Al.

Din 13.04.2010

București

DIRECȚIA GENERALĂ DE INFORMAȚII ȘI PROTECȚIE
INTERNĂ

Ex. nr. 1

Domnului locotenent colonel (r) PRICHICI DUMITRU

București

Urmare a memoriului dumneavoastră adresat Administrației Prezidențiale și transmis structurii noastre, unde a fost înregistrat cu numărul de mai sus, în care ați formulat o inițiativă legislativă privind o nouă Lege a Siguranței Naționale a României precum a înființării Direcției Generale a Serviciilor de Informații, vă comunicăm că propunerile dumneavoastră au fost analizate la nivelul instituției noastre.

Vă mulțumim pentru atenția acordată și vă asigurăm de tot sprijinul nostru în limitele competențelor conferite de lege Direcției Generale de Informații și Protecție Internă.

DIRECTOR GENERAL
Chestor de poliție
Dr. ȘTEFAN POP

PROPUNERE PRIVIND O NOUĂ LEGE A SIGURANŢEI NAŢIONALE A ROMÂNIEI, ORGANIZARE ŞI FUNCŢIONARE A DIRECŢIEI GENERALE A SERVICIILOR DE INFORMAŢII

– EXPUNERE DE MOTIVE

În speranţa aplicării în practică a dorinţei de unificare a Serviciilor de Informaţii din România, pentru crearea unei FORŢE COERCITIVE, pentru descurajarea infracţiunilor de orice natură, pentru restabilirea păcii sociale şi creşterea bunăstării naţiunii române propun:

O nouă Lege a Siguranţei Naţionale a României şi a Direcţiei Generale a Serviciilor de Informaţii, prin UNIFICAREA ACTUALELOR STRUCTURI informativ-operative, legal constituite la nivel naţional şi European, în scopul obţinerii, verificării, sintetizării, clasificării, comunicării şi valorificării informaţiilor în timp util ÎN ACTUL DE DECIZIE, ca o importantă verigă de legătură a anticelor principii democratice vulnerabile în prezent, în faţa actualelor metode şi mijloace destabilizatoare, antidemocratice, utilizate în interese personale şi a partidelor politice.

Ca cetăţeni români, ne punem întrebarea: care este preţul libertăţii noastre, cât de importantă a fost, este şi va fi activitatea Serviciilor de Informaţii în instaurarea ordinii şi liniştii publice, CREŞTEREA EFICIENŢEI INSTITUŢIILOR STATULUI PENTRU INSTAURAREA DEMOCRAŢIEI în România după 1989? Până când va fi furată avuţia naţională şi a cetăţenilor? Până când instituţiile publice vor fi acuzate de ineficienţă?

Cât de eficientă este Legea Siguranței Naționale propusă, în comparație cu Legea 51/1991 care, prin prevederile Art. 11, ABSOLVĂ CU PREMEDITARE de orice răspundere Președinții și Prim-Miniștrii, nefiind incluși în acest Art. 11, autoeliminându-se de la accesul la informații pentru a nu răspunde pentru faptele săvârșite cu premeditare, în fata legilor?

DE CE Art. 27 și 28 din Legea 51/1991 și Art. 45 din Legea 14/1992 NU PERMIT PERSOANELOR cu atribuții în domeniul siguranței naționale SĂ DENUNȚE în timp util POSIBILE ATENTATE la siguranța națională, despre care iau cunoștința în timpul și după încetarea activității, denunț aprobat numai cu încuviințarea scrisă a șefului structurii din care fac parte? Cine a votat articole ce anulează transparența puterii statului și implicit puterea cetățenilor, neinformarea privind încălcarea legilor și instaurarea haosului social, economic?

La baza eficienței noii propuneri legislative se află exprimarea clară a unor PRINCIPII DE NECONTESTAT cum sunt: prevenția, funcționalitatea, adaptabilitatea, rentabilitatea, confidențialitatea, forța coercitivă a tuturor acestor principii aplicate, cuprinse în textul legii și anexelor: 1, 2, 3, 4, 5, 6, 9 și 10.

1. Organizarea și funcționarea D.G.S.I. pe principiul „UNIREA FACE PUTEREA", subordonarea directă Consiliului Suprem de Apărare a Țării și Comisiei Parlamentare Comună de Control a DGSI.

2. CSAT și DGSI aplică MĂSURI DE PREVENIRE cuprinse în Cap. I, II, III, IV și V din Legea Siguranței Naționale propusă ÎN SCOPUL ELIMINĂRII încălcării acestor prevederi.

3. RESPECTAREA acestor PREVEDERI VA CONTRIBUI în mod substanțial LA REDUCEREA NUMĂRULUI DE OBIECTIVE SUPRAVEGHEATE de către serviciile de informații la nivel național, PRIN DESCURAJAREA ȘI ELIMINAREA PRACTICILOR privind: corupția, șantajul, sabotajul, traficul de influență, abuzurile de putere, subminarea economiei naționale, ce au crescut fără precedent după 1989. Costurile suportate de la bugetul public până în prezent fiind uriașe, iar cei supravegheați, pe lângă imaginea și starea de spirit deprimantă, au fost lăsați să săvârșească grave fapte penale

fără a fi avertizaţi, compromiţând preşedinţi, parlamentari, prim-miniştri, miniştri, judecători, personalităţi publice şi simpli cetăţeni.

Pentru aceste motive propun ca protecţia informativ-operativă să se aplice în mod permanent, preventiv persoanelor care deţin titlul de Demnitar de Stat şi Public atestat ca membru al Cubului Elitelor (anexa 6 şi 9 la LSNR), în perioada ocupării funcţiei publice.

4. SUPRAVEGHEREA modului de transmitere a INFORMAŢIILOR de la surse secretizate, analizate, sintetizate şi stocate în Banca de Date Operative la dispoziţia factorilor de decizie la nivel naţional, de către ofiţerii speci-alizaţi ai SSI, este necesară pentru STOPAREA UTILIZĂRII INFORMAŢIILOR ÎN SCOPUL şantajului, sabotării factorilor de decizie, obţinerii unor foloase materiale în interes personal sau de grup.

5. DEGREVAREA DGSI de atribuţiile cuprinse în prezentele propuneri de lege, DE CĂTRE PERSOANE JURIDICE PRIVATE, PJP cod CAEN 7460 şi Detectivii Particulari DP în mod operativ, în vederea concentrării întregii activităţi a DGSI asupra sectoarelor strategice, PENTRU REDUCEREA CHELTUIELILOR de la bugetul public.

6. ACTIVITATEA Serviciului Resurse Umane SRU în cadrul DGSI este benefică pentru faptul că FACE POSIBILĂ ORICE înlocuire sau REDIS-TRIBUIRE DE CADRE în timp de pace, de crize sau război.

7. ECONOMIILE FINANCIARE realizate prin aplicarea prevederilor Legii Siguranţei Naţionale propuse, de organizare şi funcţionare a Direcţiei Generale a Serviciilor de Informaţii, SUNT IMPORTANTE, schimbarea fiind de natură administrativ-organizatorică, fără a fi afectată activitatea tehnico-informativ-operativă pe plan intern şi extern, fiind suficientă o SIMULARE paralelă a activităţii curente a actualului sistem şi cel propus, timp de 30 zile lucrătoare, de la data publicării în Monitorul Oficial.

8. Actualele efective militare şi civile ale Serviciilor de Informaţii pe plan intern şi extern vor fi încadrate în noua propunere de organizare a DGSI, pe principiul „omul potrivit la locul potrivit", cu un înalt spirit patriotic românesc, responsabilitate şi sacrificiu, fără vicii de comportament în

familie și societate, sănătoși psihic, fizic, cu nivel de cultură socio-politică și profesională corespunzător funcției.

9. FORȚA COERCITIVĂ a prevederilor Legii Siguranței Naționale și a DGSI, propusă ca veriga lipsă în lanțul principiilor democrației și a măsurile de prevenire asigură CETĂȚENILOR români DREPTUL INALIENABIL la SECURITATE și PROSPERITATE CU DEMNITATE, imperios necesar pentru SIGURANȚA NAȚIONALĂ a ROMÂNIEI, ca membru al UNIUNII EUROPENE, NATO și Spațiului Schengen.

10. Prețul informațiilor și prevenirii dezastrelor posibil să se producă, cu sau fără premeditare este mult mai mic față de prețul înlăturării urmărilor dezastrelor, din acest motiv consider eficientă eliminarea din fașă a oricărei tentative sau pedepsirea exemplară a celor care au deținut informații și din diverse motive nu au oprit la timp producerea acestora.

11. Noua lege a Siguranței Naționale a României, prin prevederile anexei 6 și 9, oferă electoratului posibilitatea alegerii între „politicieni" și Demnitarii de Stat și Publici atestați ca membrii Clubului Elitelor, pentru reducerea numărului politicienilor și funcționarilor publici veroși, actuali și viitori pușcăriași, ale căror costuri de întreținere se ridică la cca. 200 mil. euro anual, sume ce pot fi utile pentru sănătatea și prosperitatea națiunii române.

12. Susținătorii acestui proiect de lege pot fi persoane fizice sau juridice indiferent de opțiunea politică, condiția fiind înțelegerea sensului și rolului fiecărei prevederi din prezenta propunere legislativă, pentru implementarea cu succes, în termen de 30 de zile lucrătoare, în condițiile impuse în anexa 4 la LSNR.

Întocmit, Lt. Col. (r) Dumitru Prichici.

PROIECT
PRIVIND LEGEA SIGURANŢEI NAŢIONALE A ROMÂNIEI (LSNR).
ORGANIZAREA ŞI FUNCŢIONAREA DIRECŢIEI GENERALE A SERVICIILOR DE INFORMAŢII (DGSI)

Proiect redutabil, cu efecte vizibile imediate implementării descrise în Expunerea de motive.
Doar în acest CREUZET se va naşte
o ROMÂNIE PUTERNICĂ

Realizat la cererea Preşedintelui PNŢ-CD Corneliu Coposu în anul 1995.

Realizat în baza Art. 74 din Constituţia României; protejat de legea 8/1996 şi OSIM.

Interzisă utilizarea proiectului fără acordul titularului legal al proiectului.

CAPITOLUL I: DISPOZIȚII GENERALE:

Art. 1. Prin siguranța națională a României se înțelege starea de legalitate, de echilibru, de stabilitate socială, economică și politică, necesară existenței și dezvoltării națiunii române, suverane, unitare, independente și indivizibile, menținerii ordinii de drept, exercitarea neîngrădită a drepturilor, libertăților și îndatoririlor fundamentale ale cetățenilor aflați legal pe teritoriul României, pe baza principiilor democratice statornicite prin Constituție, a tratatelor internaționale privind structura, interesele, organizarea și funcționarea Națiunii române pe plan intern și extern.

Art. 2. Siguranța națională este realizată de CSAT și DGSI, prin cunoașterea intuitivă, prevenirea rațională și înlăturarea fermă a amenințărilor interne și externe ce pot aduce atingere valorilor prevăzute la Art. 1 din prezenta lege, cu sprijinul cetățenilor români, a străinilor rezidenți sau în tranzit, a mediilor de informare scrisă și audiovizuală, ca expresie a fidelității și respectului lor față de România, ca parte integrantă a Uniunii Europene.

Art. 3. Constituie amenințare la adresa siguranței naționale a României, următoarele :

a) neimplicarea instituțiilor abilitate, a cetățenilor români în deconspirarea planurilor cunoscute ce vizează suprimarea suveranității naționale, independența, interesele națiunii române privind prosperitatea cu demnitate;

b) activitățile care au ca scop direct sau indirect provocarea unor acțiuni violente, teroriste, război civil, înlesnirea ocupării militare străine, aservirea față de o putere sau organizație străină, pentru a săvârși oricare din aceste fapte pe teritoriul și în afară României, în zonele de interes legitim;

c) trădarea prin ajutarea inamicului în timp de război, în timp de pace, prin susținerea intereselor altor națiuni în domeniile: economice, social-politice, militare, administrativ-teritoriale; trădarea prin apărarea unui inculpat în scopul diminuării sau negării nejustificate a faptelor penale săvârșite cu premeditare, dovedite sau recunoscute de făptuitor, ce blochează actul de justiție și destabilizează pacea socială;

d) producerea, deținerea, utilizarea, comercializarea, transportul armelor de orice natură, a materialelor inflamabile, toxice, bacteriologice, radioactive, chimice, provocatoare a stării de apatie a populației (ex. florura de sodiu în apă, hrană), producerea, importul bunurilor alimentare cu efecte distructive asupra sănătății populației și a mediului înconjurător din România; fără avizele de specialitate și garanții de utilizare;

e) neglijența privind protecția bazelor de date secrete, a comunicațiilor instituțiilor publice și private de interes strategic național, neglijența privind aplicarea de către DGSI a măsurilor de prevenire Cap. II, Art. 11 ;

f) neimplicarea instituțiilor abilitate pentru protecția cetățenilor romani și străini aflați legal pe teritoriul României, în cazul atentatelor la viața lor, la sănătatea lor fizică, psihică, la valorile lor morale și materiale legal deținute, precum și nerespectarea îndatoririlor cetățenești în familie și societate de către fiecare cetățean, nerespectarea liniștei și ordinei publice, nedeferirea acestor cazuri justiției sau tergiversarea condamnării atentatorilor în regim de urgență;

g) ascunderea originii, naționalității, cetățeniei, identitatea unei persoane fizice sau juridice în scopul infiltrării pe teritoriul României cu misiuni de spionaj, terorism, diversiuni destabilizatoare în domeniile: sănătății, ordinii și liniștei publice, social-politice, economice, culturale, tehnico-științifice și militar-strategice;

h) inițierea, organizarea, săvârșirea, sprijinirea în orice mod a acțiunilor teroriste, totalitariste, rasiste, șoviniste și separatiste care pot pune în pericol sub orice formă integrarea în UE și spațiul Schenghen, unitatea și integritatea teritorială a României, precum și incitarea la fapte ce pot periclita ordinea publică și statul de drept;

i) neinformarea, informarea trunchiată, dezinformarea cetățenilor și a factorilor de decizie, colportarea zvonurilor nefondate, fără temei legal, prin mijloace de comunicare: verbală, scrisă, audio-vizuală, cu efect denigrator, cu pagube morale și material;

j) actele de corupție, mituire, șantaj, sabotaj, crime, furturi, fraude fiscale, cu urmări grave asupra economiei naționale, a instituțiilor publice, asocierilor constituite pe baza unui statut juridic aprobat;

k) neconstituționalitatea legilor, votarea lor în Parlament fără metodologie de aplicare, precum și promulgarea acestor legi, emiterea Ordonanțelor de Urgență Guvernamentală fără avizul Curții Constituționale, nerespectarea rezultatelor validate ale referendumurilor, mituirea, șantajarea, neasigurarea condițiilor de vot prin corespondența pentru romanii de pretutindeni, falsificarea datelor de identificare a alegătorilor, a candidaților în alegeri, a rezultatelor votului în dauna intereselor cetățenilor României, nerespectarea programelor și promisiunilor electorale, jurământului de credință depus pentru funcția deținută;

l) sustragerea valorilor din patrimoniul național, din orice domeniu de activitate, din instituții autorizate să le dețină, înstrăinarea acestora către persoane fizice sau juridice romane sau străine națiunii romane, prin vânzarea sau concesionarea pe termene ilegale, nealocarea sau deturnarea fondurilor alocate cercetării științifice, instituțiilor publice, cu efecte negative asupra dezvoltării economiei naționale;

m) atitudinea ostilă, insultă verbală, comportamentală, nerespectarea ierarhiei demnitarilor și demnităților publice, a drepturilor unor cetățeni, colectivități sau etnii conlocuitoare, negarea, distrugerea simbolurilor naționale ale României, cum sunt: drapelul, stema și imnul național, eroii, personalitățile celebre din politică, cultură, știință, sport, plagierea lucrărilor din orice domenii de activitate, nerecunoașterea sau interzicerea utilizării și predării istoriei României și a limbii romane ca limbă oficială și în programa învățământului minorităților naționale din România.

n) declararea naționalității inexistente de ROM, pentru a-și însuși naționalitatea de ROMÂN (Dex pag. 932 rom, țigan = om), diversiune practicată în cazul săvârșirii unor abateri de la legile statului în care trăiește ca nomad, cu scopul vădit de a afecta imaginea NAȚIUNII ROMÂNE în Europa și în lume (Art. 11 alineat 2 din LSNR);

o) numirea demnitarilor în funcții publice fără aviz, în baza Art. 31 alineat b) anexa 3 (DGSI), refuzul factorilor de decizie privind instruirea și protecția informativ-operativă permanentă a acestora, pentru cunoașterea în totalitate și profunzime a prevederilor LSNR și a CONSTITUȚIEI României, în scopul prevenirii săvârșirii unor abateri de ordin moral sau material, cu sau fără premeditare, în timpul deținerii funcției.

Art. 4. Prevederile Art. 3 din prezenta lege nu pot fi interpretate, folosite în scopul restrângerii, interzicerii dreptului de apărare a unei cauze legitime garantate de Constituția României, cu excepția cazurilor prevăzute la Art. 20 din prezența lege.

Art. 5. Siguranța Națională a României este asigurată: legislativ de Parlament, informativ-operativ de Direcția Generală a Serviciilor de Informații, coordonată de Președintele României și al Consiliul Suprem de Apărare a Țării, conform prevederilor Constituției României și a tratatelor internaționale.

Art. 6. Organele cu atribuții în domeniul siguranței naționale a României sunt: CSAT sub comanda Prezidențială și DGSI sub comanda CSAT și sub controlul legislativ al Comisiei Parlamentare de control al DGSI.

Art. 7. Atribuțiile CSAT în domeniul siguranței naționale, în baza Legii 415/2002.

a) analizează modul în care sunt respectate prevederile legii siguranței naționale, de către conducătorii Instituțiilor publice și cetățenii României, ca expresie a dragostei și fidelității lor față de țară, având ca bază de discuție raportul DGSI, prezentat anual în Parlament, în ședința de lucru lunară a CSAT și la cererea Președintelui României;

b) stabilește principalele direcții de activitate, aprobă măsurile obligatorii pentru înlăturarea amenințărilor prevăzute în Art. 3, asigurând transparența informațiilor reale de interes public.

c) propune spre aprobarea Parlamentului sumele repartizate de la bugetul public, necesare asigurării SIGURANȚEI NAȚIONALE A ROMÂNIEI, în timp de pace sau de război.

d) analizează încadrarea juridică fără dubii a atentatelor la siguranța națională, stabilind termenul limită în vederea judecării în regim de urgență și pronunțării pedepsei definitive, în baza prevederii Legii 415/2002 Cap. II Art. 4 litera i), necesară deblocării actului decizional în desfășurarea misiunilor informativ-operative în timp de pace său război.

e) stabilește oportunitatea și modul de colaborare și valorificare a informațiilor care prezintă interes pentru țările prietene, care nu aduc atingere Siguranței Naționale a României.

Art. 8. Atribuțiile DGSI în domeniul siguranței naționale:

a) desfășoară activitatea de informații pentru realizarea siguranței naționale, din punct de vedere tehnic-operativ, în exclusivitate prin mijloace electronice ONLINE, conform prevederilor Anexei 1, 2, 3, 4 la prezenta lege, prin sursele SRI, SIE, STS, SPP ș.a., finanțate de la bugetul public și auto-finanțare prin valorificarea produselor tehnice-informativ-operative proprii, sub control Legislativ al CPC și tehnic al CSAT.

b) verifică, evaluează și avizează în scris candidații pentru susținerea examenului de atestare a calității de Demnitari de Stat și Publici, instruiește informativ-operativ Demnitarii de Stat și Publici în timpul exercitării funcției (anexa 6 la LSNR).

c) DGSI își asigură dotarea tehnică din producția proprie și import, resursele umane selecționate din rândul tinerilor cu cetățenie și naționalitate româna, studii superioare, verificați și repartizați cu acordul CSAT.

Art. 9. Asigură la cerere și preventiv, informații veridice, precum și accesul nelimitat la informațiile din BDO și BDC, Președintele României, în calitate și de Președinte al CSAT și Comandant Suprem al Armatei, cu condiția confirmării accesului la BDO și BDC sub control ORNIS.

Art. 10. DGSI asigura Președintelui Senatului, Camerei Deputaților, Primului Ministru, Miniștrilor, Prefecților, Avocatului Poporului, accesul la informaţii în domeniile lor de activitate în BDO şi BDC, cu condiţia confirmării accesării sub control ORNIS.

Societatea Civilă SC, are acces la BDC contra cost conform tarifelor stabilite de DGSI cu avizul CSAT.

CAPITOLUL II. MĂSURI DE PREVENIRE

Art. 11. În cazul posibilei săvârșiri iminente, cu premeditare, a faptelor prevăzute la Art. 3 din prezenta lege, de către un cetățean român sau străin, DGSI va interveni în timp util pentru stoparea săvârșirii faptelor.

1 – În cazul încălcării fără premeditare a prevederilor Art. 3 din prezenta lege, DGSI va interveni și va avertiza în scris persoana în cauză, solicitând organelor abilitate cu respectarea Codului de Procedură Penală autorizarea supravegherii de către DGSI și pedepsirea vinovaților în cazul continuării săvârșirii faptelor, prin dublarea pedepselor, în regim de urgență.

2 – Interzicerea utilizării termenului ȚIGAN sau ROM, întreprinderea diligențelor Guvernului Român către Guvernul Indian, cu sprijinul UE, pe baza cererilor individuale, pentru redobândirea documentelor ce atestă cetățenia și naționalitatea de indian.

3 – Prejudiciile materiale și morale aduse prin acte false, furt, violență unui cetățean sau colectiv fără posibilități materiale, vor fi soluționate de instituțiile abilitate prin autosesizare sau sesizare scrisă, fără plângere penală scrisă a părții vătămate, până la finalizarea cauzei, prin îndrumarea directă a Avocatului Poporului (52 Anexa 2) și susținerea financiară a cauzelor în justiție, în baza prevederilor OU Nr. 51/2008.

4 – Daca prevederile Art. 3 din prezenta lege au fost încălcate sub supravegherea și tăinuirea unor persoane fizice sau juridice, pedeapsa dublată se aplică și celor care au tăinuit producerea lor.

5 – Asigurarea sistemului național de comunicații, transport, pază și protecție publică în caz de calamități naturale și artificiale, accidente grave la nivel național, județean, orășenesc, comunal, primării, secții de poliție, instituții publice, permanent ziua și noaptea, în condițiile meteo sau de teren fără excepții.

Art. 12 În baza prevederilor Art. 2 din prezenta lege, mediile de informare, scrisă și audio-vizuală, vor respecta cu strictețe prevederile prezentei legi, vor uza de dreptul de observator autorizat în domeniul supravegherii punctelor de trecere vamale: terestre, aeriene, maritime și fluviale a călătorilor și mărfurilor, pentru informarea permanentă a opiniei publice privind legalitatea traficului la frontierele României și UE.

–Prevederile prezentului Art. 12 vor fi cuprinse în Legea Presei din România.

Art. 13. La cererea procurorului care susține cauza în justiție, se reia activitatea de supraveghere de către DGSI, pentru elucidarea cazului, pe baza mandatului emis de judecător.

Art. 14. Mandatul de supraveghere emis de judecător conferă procurorilor și DGSI, împuternicirea de a folosi toate mijloacele de care dispun, fără a uza de mijloace de constrângere fizică, morală sau materială asupra persoanelor supuse supravegherii, în scopul restrângerii libertăților acestora, a arestării preventive fără avizul judecătorului, a înscenării unor fapte acuzatoare, în scopul afectării imaginii lor publice, până la data emiterii ordinului de reținere aprobat de judecător.

Cei care săvârșesc asemenea fapte prin ordine scrise, verbale, din neglijență, cu premeditare, răspund administrativ sau penal, suportând daunele morale și materiale produse.

Art. 15. Metodele și mijloacele de obținere a informațiilor pentru judecarea unei cauze, sunt secrete pe tot parcursul mandatului și după hotărârea definitivă și irevocabilă a cauzei.

Art. 16. Cetățenii lezați de faptele prevăzute în Art. 14, vor solicita în scris Procuraturii și DGSI daune morale și materiale ce vor fi suportate de cei cere au săvârșit abaterea de la prezenta lege.

CAPITOLUL III. OBLIGAȚIILE ȘI DREPTURILE INSTITUȚIILOR DE STAT ȘI PUBLICE, PERSOANELOR FIZICE ȘI JURIDICE PRIVATE

Art. 17. Instituțiile de stat și publice, ministerele, regiile autonome, societățile comerciale private și orice cetățean aflat legal pe teritoriul României au următoarele îndatoriri și drepturi:

a) să acorde sprijinul necesar la cererea organelor cu atribuții în domeniul siguranței naționale, să pună la dispoziție datele ce le dețin în legătură cu obiective ce privesc siguranța națională, răspunderea pentru păstrarea secretului informațiilor primite revenind Serviciului Supraveghere Informații (SSI) din DGSI.

b) Instituțiile de stat și publice vor lua măsuri pentru înlăturarea pericolelor, atât prin aplicarea prevederilor legii siguranței naționale în domeniul în care își desfășoară activitatea, apelând la DGSI, cât și prin propuneri legislative în domeniul în care sunt specializați, astfel:

1 – Parlamentul va decide asupra propunerilor legislative înregistrate în regim de urgență, de instituțiile strategice ale statului, cu drept de legiferare: Președinție, Justiție, Direcția Generală a Serviciilor de Informații și Guvern, cu avizul celorlalte trei instituții.

2 – pericolele privind degradarea ordinii, liniștei și moralității publice în creștere în România, impun în mod stringent Parlamentului măsuri legislative coercitive la cerere, propuse de instituțiile abilitate prevăzute în Art. 17 punctul b 1, în regim de urgență prin:

3 – ȘCOLI de CORECȚIE LICEALE, de ARTE și MESERII pentru minorii delincvenți condamnați;

4 – adulții condamnați la închisoare cu executarea pedepsei vor ispăși pedeapsa prin muncă în folosul societății civile pe toată perioada condamnării, în scopul reeducării prin muncă plătită în natură,

asigurându-le calificarea la locul de muncă, numai în domeniul construcțiilor de poduri, căi ferate (metrou), rutiere, îndiguiri.

5 – stagiul militar obligatoriu, de 2 luni pentru tinerii între 18 și 25 de ani, indiferent de sex, religie, pentru dezvoltarea simțului datoriei de cetățeni, patrioți, viitori familiști, educatori ai generațiilor viitoare.

6 – cetățenii români de origine certă indiană, în baza prevederilor Art. 3 lit. n, vor fi sprijiniți în demersul lor diplomatic pentru recunoașterea originii și acordarea naționalității de indieni, în scopul integrării în țările adoptive în conformitate cu prevederile Cartei ONU, privind migrația lor în țările Uniunii Europene.

– cetățenii, persoanele fizice sau juridice private vor apela la serviciile Societăților Comerciale (PJP), conform prevederilor cod CAEN 7460, detectivilor particulari (DP), legal constituiți.

– persoanele juridice private (PJP) cod CAEN 7460 și detectivii particulari (DP), au obligația degrevării DGSI de lucrări de natură să protejeze persoanele fizice, juridice, strategice și publice.

Art. 18. Instituțiile publice, persoanele fizice, juridice private care dețin secrete de interes național, vor întocmi programe proprii de prevenire a scurgerilor de informații, vor fi avizate și controlate de DGSI, răspunderea revenind conducătorului organelor, organizațiilor respective și a reprezentantului DGSI.

Art. 19. Urmărirea penală a infracțiunilor certe, prevăzute la Art. 3 din prezenta lege se efectuează de către procuror, pe baza informațiilor furnizate de DGSI, în baza mandatelor emise de judecător la cererea acestora, mandat care prevede și privarea de libertate a făptuitorului pentru anchetarea, întocmirea dosarului penal și trimiterii lui în judecată, în regim de urgență, procedeu aplicat în cazul demnitarilor de stat și publici și orice persoană fizică inculpată.

CAPITOLUL IV. SANCŢIUNI

Art. 20. Atentatele la Siguranţa Naţională a României săvârşite fără dubii, cu dovezi juridic probate nu se prescriu, nu beneficiază de prezumţia de nevinovăţie, se pedepsesc conform prevederilor Art. 17 litera b) punctul 3 şi 4 din prezenta lege, în regim de urgenţă.

Art. 21. În cazul hotărârilor judecătoreşti definitive şi irevocabile luate în România, ce determină pe cel nedreptăţit să se adreseze CEDO, a cărui hotărâre definitivă este în favoarea reclamantului, Guvernul României este obligat la plata daunelor materiale din bugetul public, valoarea despăgubirilor se va recupera de la cei vinovaţi, prin confiscarea şi valorificarea bunurilor lor materiale, deferiţi justiţiei, pasibili de pedeapsa cu închisoare de la 5 la 10 ani şi excludere din magistratură. Tentativa se pedepseşte.

Hotărârile privind anulările definitive şi irevocabile ale unor drepturi de către Preşedinţie, Parlament, Guvern, Justiţie şi alte instituţii autorizate, pe baza unor documente falsificate sau motivaţii ilegale, vor fi soluţionate conform prevederilor Art. 3 litera i) şi Art. 11 alin. 3, din prezenta lege, urmate de repunerea retroactivă în drepturi a celor nedreptăţiţi. Tentativa se pedepseşte.

În cazul furturilor şi distrugerilor materiale cu premeditare sau din neglijenţă, din domeniile publice, vor răspunde penal şi material făptuitorii, prin confiscarea şi valorificarea bunurilor lor materiale, iar în cazul făptuitorilor necunoscuţi vor răspunde cei vinovaţi din Guvern, Prefecturi, Primării, Consilii şi Poliţii Locale, prin confiscarea şi valorificarea bunurilor lor materiale echivalente pagubei şi destituire din funcţie. Tentativa se pedepseşte.

Art. 22. Cadrele militare care au săvârşit cu premeditare fapte prevăzute în Art. 3 din prezenta lege, sunt pedepsite după caz cu: retrogradarea în funcţie, grad, trecerea în rezervă, deferiţi justiţiei, plata daunelor morale şi materiale, pedeapsa cu închisoare de la 5 la 10 ani corespunzător daunelor. Tentativa se pedepseşte.

CAPITOLUL V. DISPOZIȚII FINALE

Art. 23. Informațiile casate, rezultate din activitatea DGSI, se păstrează în BDC, sunt informații publice, accesibile CNSAS, PJP, DP, MMII și SC contra cost, conform tarifelor aprobate de DGSI, cu respectarea prevederilor Reg. Consiliului Europei nr. 45/2001, Legea 544/2001.

Art. 24. Personalul DGSI se compune din cadre militare active, cu excepția Directorului General, propus de Președintele României în funcțiune, aprobat prin votul majorității simple a celor prezenți în ședința Parlamentului, trei Directori Adjuncți selecționați și propuși de noul Director General al DGSI, din rândul cadrelor active din DGSI, caracterizați prin erudiție, intransigență, modestie și patriotism.

Art. 25. Cadrele militare active care îndeplinesc funcții tehnice-informativ-operative vor fi selecționate pe criteriile: studiilor de specialitate prevăzute în capitolul I Art. 8 c), a nivelului intuitivității, raționabilității și fermității caracteristice candidaților pentru aceste funcții.

Cadrele militare active care îndeplinesc funcții informativ-operative lucrează în program de lucru prelungit, de noapte, vor beneficia de un spor de vechime de o jumătate de an pentru fiecare an de muncă în aceste condiții, la calcularea pensiei.

Art. 26. Cadrele militare și civile care au acces la informații secrete nu pot face parte din partide politice, organizații cu caracter politic, în timpul și 10 ani de la ieșirea din activitate, au obligația să nu divulge secretele profesionale dobândite în timpul activității, cu excepția atentatelor iminente la siguranța națională a României prevăzute în Art. 27 din prezenta lege.

Art. 27. Cadrele militare și civile care au acces la informații secrete vor denunța iminența săvârșirii atentatelor la Siguranța Națională a României în timpul activității, prin rapoarte scrise adresate conducerii în ordinea ierarhică succesivă până la Președintele CSAT, participând în timpul activității și la procese juridice desfășurate în Tribunale Militare, cu condiția respectării prevederilor Art. 26 din prezenta lege.

Cadrele militare și civile vor înainta rapoarte pentru soluționarea unor conflicte de serviciu personale, comandantului imediat superior celui cu care sunt în conflict, până la nivelul cel mai înalt în funcție.

Art. 28. Prezenta lege și Constituția României vor fi aduse la cunoștința cetățenilor români și străini aflați legal pe teritoriul României, incluse în programa Ministerului Învățământului ca materie de studiu pentru toți tinerii care au împlinit 14 ani.

Prezenta lege este concepută prin reconsiderarea prevederilor Legii 51/1991, 14/1992 și a celorlalte Legi și Dispoziții cu trimitere la Siguranța Națională a României impusă de necesitatea integrării României în Uniunea Europeană, în Tratatul Atlanticului de Nord, intrarea în Spațiul Schengen, cu o nouă clasă conducătoare atestată ca demnitari publici (Anexa 6).

Art. 29. La data intrării în vigoare a prezenței legi, se abroga Legea 51/1991 și 14/1992 și orice dispoziție contrară prezenței legi.

! – Anexele la prezenta propunere de lege privind schema de organizare, funcționare și metodologia de aplicare vor fi publice după votul Parlamentului, în conținut regăsindu-se și propunerile calificate, rezultate în urma dezbaterilor publice și Parlamentare.

! – Prezenta Lege este perfectibilă pe toată perioada exercițiului de simulare a aplicării și funcționarii concomitent cu Legile în vigoare, timp de cca 30 zile pe plan intern și extern, până la perfecta adaptare a personalului și logisticii incluse în actul adițional la prezența lege, încheiat la sfârșitul perioadei de simulare.

Proiectat: Lt. Col. (r) Dumitru Prichici

Proiectul este protejat de legea 8/1996 și OSIM.

Interzisă utilizarea proiectului fără acordul titularului legal al proiectului.

ANEXA I

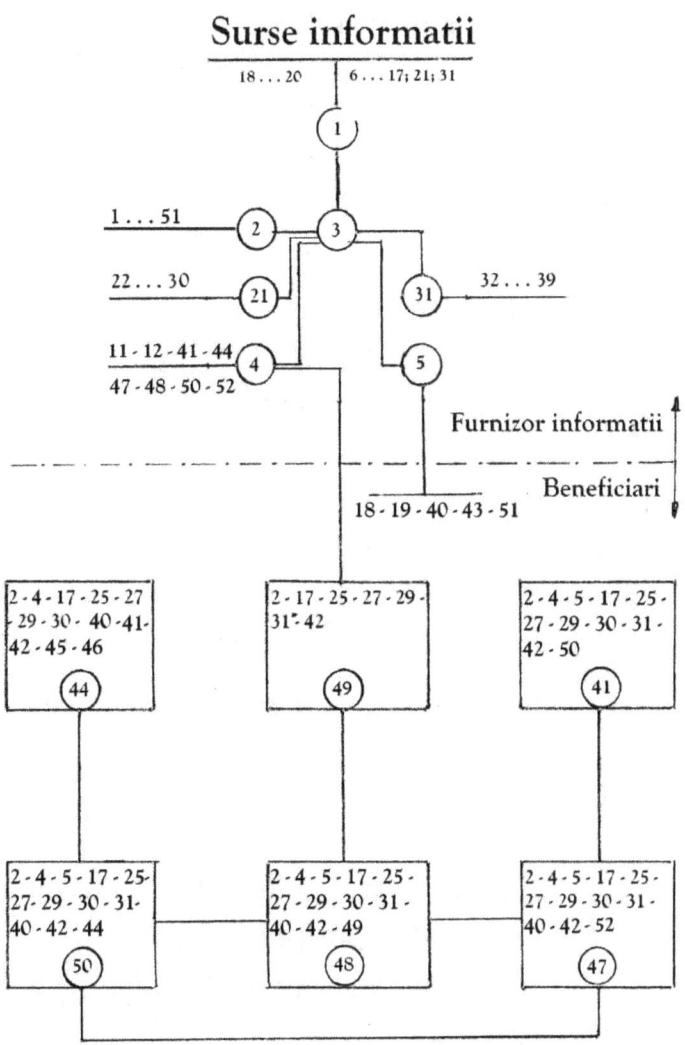

Proiectat: Lt. Col. (r) Dumitru Prichici

9.

ANEXA 2: ABREVIERI UTILIZATE ÎN DGSI (ANEXA II A LSNR)

1. SI Surse Informații
2. SSI Serviciul Supraveghere Informații
3. SASI Serviciul de Analiză și Sinteză a Informațiilor.
4. BDO Banca de Date Operative (ORNIS)
5. BDC Banca de Date Casate
6. OSIM Oficiul Național pentru Invenții și Mărci
7. ME Ministerul Economiei și Industriilor
8. MAE Ministerul Afacerilor Externe
9. MAI Ministerul Administrației și Internelor
10. MAN Ministerul Apărării Naționale
11. MJ Ministerul de Justiție
12. MP Ministerul Public, DNA, DIICOT, ANI
13. MF Ministerul de Finanțe
14. BRI Biroul Relații INTERPOL
15. BRSSS Biroul Relații Servicii Secrete Străine
16. SSPII Serviciul Studiu Presă Internă și Internațională.
17. BRP Biroul Relații cu Publicul
18. PJP Persoane Juridice Private-Cod CAEN 7460
19. DP Detectivi Particulari
20. D Denunțuri privind fapte antisociale, antinaționale
21. DGTO Directia Generală Tehnică Operativă
22. ICPTO Institutul de Cercetări Producție Tehnică Operativă
23. SIE Serviciul Informații Externe
24. SRI Serviciul Rețele Informative
25. SCS Serviciul Comunicații Secrete (STS)
26. SIRT Serviciul Interceptări Radio-Telefonice

27. SPS Serviciul Poştă Specială
28. SIC Serviciul Interceptări Corespondenţă
29. SPP Serviciul Pază şi Protocol
30. BAT Brigada Antiteroristă (SPP)
31. DGRS Direcţia Generală Resurse şi Servicii
32. SRU Serviciul Resurse Umane
33. SRF Serviciul Resurse Financiare
34. SFC Serviciul Financiar Contabil
35. SA Serviciul Administrativ
36. ST Serviciul Transporturi
37. SS Serviciul Sanitar
38. ACMRR Asociaţia Cadrelor Militare în Retragere şi Rezervă din DGSI
39. SICS Serviciul Învăţământ Cultură şi Sport
40. SC Societatea Civilă
41. CSAT Consiliul Suprem de Apărare al Ţării
42. BP Birou de Presă
43. MIII Medii Informare Internă şi Internaţională
44. Prefectura Prefect
45. DPOP Departamentul Pază şi Ordine Publică
46. DAC Departamentul Apărare Civilă
47. Preşedinţie Preşedinte
48. Parlament Preşedinţi Camera Deputaţi şi Senat
49. CPCC Comisia Parlamentară Comună de Control a DGSI
50. Guvern Prim Ministru şi Miniştri
51. CNSAS Consiliul Naţional de Studiere a Arhivelor Securităţii
52. A.P. Avocatul Poporului, subordonat Preşedinţiei.

Întocmit: Lt. Col. (r) Dumitru Prichici
Proiectul este protejat de legea 8/1996 şi OSIM.
Interzisă utilizarea proiectului fără acordul titularului legal al proiectului

ANEXA 3 LA LSNR:
PROPUNERE PRIVIND ORGANIZAREA ȘI FUNCȚIONAREA DIRECȚIEI GENERALE A SERVICIILOR DE INFORMAȚII (DGSI)

CAPITOLUL I. DISPOZIȚII GENERALE:

Art. 1. Direcția Generală a Serviciilor de Informații este organul specializat în domeniul culegerii, stocării, analizării, clasificării, sintetizării și comunicării ONLINE a informațiilor reale în timp util, factorilor de decizie cu atribuții în domeniul Siguranței Naționale a României.

Activitatea Direcției Generale a Serviciilor de Informații este controlată legislativ de Parlamentul României, prin Comisia Parlamentară Comună de Control a DGSI și de Consiliul Suprem de Apărare a Țării, prin Președintele CSAT, din punct de vedere tehnic-informativ-operativ, a structurii organizatorice centrale și teritoriale interne și externe, a pregătirii militare și profesionale a cadrelor, a mentenanței, dotărilor tehnice, a veniturilor și cheltuielilor.

Conform prevederilor Art. 7 punctul a) din Legea Siguranței Naționale a României propusă, DGSI prezintă rapoarte anual și, în caz de forță majoră, Parlamentului României, lunar sau la cererea Președintelui României, în calitate de Președinte al Consiliului Suprem de Apărare a Țării.

Art. 2. Direcția Generală a Serviciilor de Informații obține informațiile prin:

a) Surse informații SI (1) finanțate de la bugetul public (anexa 2, poz. 6-17), subordonate Serv. de Supraveghere a Informațiilor SSI (2), Serv.

Analiză și Sinteză a Informației SASI (3), prin Banca de Date Operative BDO (4).

b) Persoane Juridice Private: PJP (18) și Detectivi Particulari DP (19), sub control SSI (2)

c) Denunțurile celor afectați de faptele antisociale și antinaționale ale unor cetățeni și a factorilor de decizie în stat D (20).

Art. 3. Informațiile furnizate de sursele de informații SI (1), sunt transmise ONLINE SASI (3), prin căi de acces secretizate clasificate și supravegheate de cadre specializate din SSI (2), conform anexei 1 și 2 la prezenta propunere a Legii Siguranței Naționale a României.

Art. 4. Nivelul de secretizare și protecție a informațiilor este propus de specialiștii Serviciului de Supraveghere a Informațiilor SSI (2), aprobat de SASI (3), menținut până la transferul lor în Banca de Date Casate BDC (5), încadrate, stocate și accesate în conformitate cu prevederile Legii 182/2002 și ORNIS, privind protecția informațiilor clasificate împotriva atacurilor CIBERNETICE, astfel:

I P – informații publice;
I S – informații secrete;
I S S – informații secrete de serviciu;
I S I D – informații secrete de importanță deosebită
I U S – informații ultra secrete

Art. 5. Informațiile primite de Serviciul de Analiză și Sinteză a Informațiilor SASI (3), verificate prin toate sursele subordonate SI (1), vor fi analizate, clasificate, sintetizate și transferate Băncii de Date Operative BDO (4), accesibile beneficiarilor informațiilor, conform Art. 9 și 10 din Legea Siguranței Naționale a României propusă și a prevederilor anexei 1.
Art. 6. Informațiile deținute de sursele de informații SI (1), necesare asigurării Siguranței Naționale a României, indiferent de natura lor, vor fi furnizate fie la cererea expresă a beneficiarilor informațiilor, fie din proprie inițiativă în timp util, pentru a nu reduce valoarea și eficiența lor

informativ-operativă în actul de decizie, procedura efectuată sub control SSI (2) din cadrul SASI (3).

Art. 7. Informațiile secrete (IS) vor fi păstrate 10 ani în BDO (4), informațiile secrete de serviciu (ISS) 15 ani, informațiile secrete de importanță deosebită (ISID) 20 de ani, informații ultra secrete (IUS) 25 de ani, urmând a fi transferate în Banca de Date Casate BDC (5) și exploatate conform prevederilor Art. 28 din prezenta propunere legislativă, anexă (3).

Art. 8. DGSI oferă informații din Banca de Date Casate (BDS) 5 contra cost, conform tarifelor propuse de DGSI și aprobate de CSAT (41), conform prevederilor art. 23, din Legea Siguranței Naționale a României.

Art. 9. Toți cetățenii aflați legal pe teritoriul României beneficiază de aceleași drepturi și îndatoriri, având acces la informațiile din Banca de Date Casate BDC (5).

Art. 10. În cazul constatării unei posibile încălcări fără premeditare a prevederilor Legii Siguranței Naționale a României, DGSI va lua măsuri urgente de atenționare în scris, a persoanelor implicate, pentru prevenirea și stoparea săvârșirii unor astfel de fapte prevăzute în LSNR.

Art. 11. Dacă încălcarea prevederilor Legii Siguranței Naționale a României continuă în mod premeditat, constituie temei legal pentru a solicita organele abilitate, cu respectarea Codului de procedură Penală, stoparea încălcării legii, pedeapsa în acest caz dublându-se.

Art. 12. Dacă încălcarea prevederilor Legii Siguranței Naționale s-a săvârșit sub supravegherea DGSI, acceptând cu bună știință săvârșirea faptelor, pedeapsa se aplică și celor ce au tăinuit producerea lor, conform prevederilor Art. 26 și 27 din LSNR.

Art. 13. La cererea DGSI sau a procurorului care susține cauza în justiție, poate fi reluată activitatea de supraveghere ori de câte ori va fi necesar pentru elucidarea cazului, pe bază de mandat.

Art. 14. Mandatul emis de un judecător conferă DGSI și procuraturii împuternicirea de a folosi toate mijloacele și metodele de care dispun, fără a afecta starea materială, fizică, morală și imaginea publică a persoanei supravegheate.

Art. 15. Cei care săvârșesc asemenea fapte care ar leza drepturile și libertățile fundamentale, viața particulară, onoarea, interesele materiale ale celui supravegheat vor răspunde administrativ, civil sau penal, după caz, suportând daunele morale și materiale produse.

CAPITOLUL II. ORGANIZAREA ŞI FUNCŢIONAREA DGSI

Art. 16. Pentru îndeplinirea atribuţiilor stabilite prin Legea Siguranţei Naţionale, DGSI este condusă de un Consiliu Director, compus din: Directorul General al DGSI, specializat în domeniul juridic, informativ-operativ, militar-strategic, atestat ca Demnitar, autentificat în baza prevederilor Art. 8 punctul (b) din LSNR, propus de Preşedintele României în funcţiune, aprobat în şedinţa comună, cu jumătate plus unu din voturile Parlamentarilor prezenţi şi trei Directori adjuncţi permanenţi, selecţionaţi prin concurs în cadrul DGSI.

Art. 17. DGSI este organizat şi funcţionează pe baza a trei principale direcţii; I, II şi III, conduse de Directorii adjuncţi permanenţi, selecţionaţi prin concurs în cadrul DGSI.

I – DGRS (31) – Direcţia Generală Resurse şi Servicii, condusă de Directorul Adjunct al DGSI şi patru Directori adjuncţi permanenţi pentru Sevicii: (32-38), (33-34), (35-36), (37-39) anexa 2.

II – DGTO (21) – Direcţia Generală Tehnică Operativă, condusă de Directorul Adjunct al DGSI şi nouă Directori adjuncţi permanenţi pentru Servicii: 22, 23, 24, 25, 26, 27, 28, 29, 30 anexa 2.

III – SASI (3) – Serviciul de Analiză şi Sinteză a Informaţiilor condus de Directorul Adjunct al DGSI şi patru Directori adjuncţi permanenţi pentru Servicii: (1-2), 3, 4, 5 anexa 2.

I – DGRS (31) – este deservită de DGTO (21) şi SASI (3).

II – DGTO (21) – este deservită de DGRS (31) şi SASI (3).

III – SASI (3) – este deservită de DGRS (31) şi DGTO (21).

Art. 18. Pentru analiza problemelor de interes general a DGSI, Directorii de unităţi şi Directorii adjuncţi ai Directorului general al DGSI, constituie Consiliul Director al DGSI, care se întrunesc lunar şi la ordinul Directorului general al DGSI.

Competențele, în lipsa Directorului general, le stabilește Consiliul Director prin regulament.

În executarea atribuțiilor sale, Directorul general al DGSI emite ordine, regulamente și instrucțiuni, pentru buna desfășurare a activității DGSI pe plan intern și extern, pentru unitățile și subunitățile specifice Serviciilor de Informații, aprobate de CSAT.

Art. 19. Eliberarea din funcție a Directorului general al DGSI se face de către Parlamentul României, la propunerea Președintelui României sau la propunerea și prin votul a cel puțin jumătate plus unu din totalul parlamentarilor.

Eliberarea din funcții, transferul sau trecerea în rezervă a cadrelor active se face la cererea justificată a cadrului activ sau la propunerea celui care l-a numit în funcție, cu aprobarea șefului imediat superior.

CAPITOLUL III. PERSONALUL DGSI

Art. 20. Personalul DGSI este alcătuit din militari activi care îndeplinesc funcții informativ-operative, tehnice, științifice, economice și administrative permanente, constituite din absolvenți ai școlilor militare de ofițeri și subofițeri, liceelor de specialitate și ai facultăților de profil din România.

Persoanele angajate vor corespunde prevederilor Art. 24 din LSNR, vor fi de naționalitate și cetățenie româna, căsătoriți numai cu persoane de naționalitate și cetățenie română, fără vicii de comportament, să aibă împlinită vârsta minimă de douăzeci și cinci de ani, cu o stare a sănătății fizice și psihice corespunzătoare funcției ce o vor ocupa în DGSI.

Art. 21. Personalul DGSI are toate drepturile și obligațiile prevăzute în regulamentele militare, a Codului Muncii și celor specifice activității pe care o desfășoară.

Art. 22. Selecționarea, încadrarea și pregătirea personalului se face de către Serviciul Resurse Umane SRU, în conformitate cu prevederile regulamentelor și instrucțiunilor DGSI.

Art. 23. Personalul DGSI are dreptul la uniformă militară, asistență medicală și juridică gratuită și pentru membrii de familie ai angajaților, copii, soț sau soție, astfel: pe tot parcursul vieții pentru soțul sau soția cadrului activ, copiii acestora până la terminarea studiilor la vârsta de 25 de ani, și pe tot parcursul vieții pentru copiii cu handicap.

Portul uniformei militare este stabilit de regulamentul de ordine interioară a fiecărei unități. DGSI are în cadrul SRU (32) un birou de mobilizare și evidență unică a membrilor activi din ACMRR (38).

Personalul activ, în rezervă sau retragere din DGSI, beneficiază de drepturile prevăzute de această lege, indiferent de locul de muncă în care a activat, pe plan intern sau extern.

Art. 24. Paza obiectivelor DGSI este asigurată de cadre militare din Brigada Anti-Teroristă, care își recrutează personalul din rândul absolvenților școlilor de ofițeri și subofițeri ai Ministerului de Interne și Ministerului Apărării Naționale.

CAPITOLUL IV. ASIGURAREA MATERIALĂ

Art. 25. DGSI, în limita competenţelor, elaborează propriul buget de venituri şi cheltuieli, asigură finanţarea unităţilor pe plan intern şi extern, aprobă lucrările proprii de investiţii, efectuează activităţi de import pentru uz intern, cu avizul CSAT.

Art. 26. DGSI elaborează propriul program de dotare tehnică-operativă, militară, pentru apărarea propriilor obiective, pentru dotarea şi instruirea cadrelor militare din Brigada Anti-Teroristă şi a celorlalte unităţi din subordinea sa, din domeniul administrativ, transporturi, sănătate, social-cultural, protocol, pe care îl supune spre aprobare CSAT, în vederea alocării sumelor respective de la bugetul public.

Art. 27. DGSI poate comercializa pe piaţa internă şi externă, prin unităţi desemnate de CSAT, Tehnică-Operativă din producţia proprie care, prin funcţiile şi utilizarea lor, nu pun în pericol Siguranţa Naţională a României şi nici relaţiile de colaborare cu alte servicii de informaţii, din ţări prietene.

Art. 28. DGSI, prin Serviciul Supraveghere Informaţii SSI şi Banca de Date Casate BDC, valorifica informaţii casate, contra cost, conform prevederilor Art. 23 din LSNR.

Art. 29. DGSI participă la competiţii sportive interne şi internaţionale, prin autofinanţare, cu condiţia păstrării în afara structurilor DGSI a personalului administrativ şi de instruire a sportivilor.

CAPITOLUL V. DISPOZIȚII FINALE

Art. 30. În caz de necesitate, când folosirea altor mijloace de constrângere nu este posibilă, Brigada Anti-Teroristă BAT și cadrele DGSI autorizate să poarte arme, pot folosi forța armelor albe sau a armelor de foc, în condițiile prevăzute de lege.

Art. 31. a) – Documentele interne de orice fel ale DGSI sunt secrete și nu pot fi consultate decât în baza ordinului scris al CSAT.

b) – DGSI, în baza prevederilor Art. 3 litera „O" din LSNR, verifică și avizează în scris candidaturile Demnitarilor de Stat și Publici atestați, instruiește informativ-operativ Demnitarii atestați în timpul exercitării funcțiilor publice.

c) – Emite legitimații de observator autorizat presei scrise și audio-vizuale romăne, conform prevederilor Art. 12 din LSNR.

d) – Informațiile rezultate din activitatea DGSI transferate la termenele prevăzute în Art. 7 din prezenta propunere, vor fi transmise Băncii de Date Casate pentru valorificare cu acordul scris al CSAT.

Art. 32. DGSI folosește pentru individualizare și recunoaștere, sigle cu modele și descrieri prevăzute în anexa 5 la LSNR.

Art. 33. Legea 14/1992 și orice alte dispoziții contrare prezentei propuneri legislative se abrogă la data intrării în vigoare a prezentei propuneri legislative.

Întocmit, Lt. Col. (r) Dumitru Prichici

– Proiect protejat de legea 8/1996 și OSIM.
– Interzisă utilizarea proiectului fără acordul titularului legal al proiectului.

ANEXA 4: METODOLOGIA DE APLICARE ȘI FUNCȚIONARE A LSNR ȘI DGSI

Art. 1 – Metodologia de aplicare a prevederilor prezentei propuneri legislative, din punct de vedere al asigurării și organizării resurselor umane și materiale, precum și al organizării și funcționarii tehnice-informativ-operative, este cuprinsă în Anexele 1, 2, 3, 4, 5, 6, 9 și 10 la prezenta propunere privind Legea Siguranței Naționale a României, organizare și funcționare a DGSI.

Art. 2 – Metodologie de aplicare și funcționare a LSNR și DGSI va fi completată cu detaliile prevăzute la Art. 1 de către comisia tehnică alcătuită din cadre de conducere din actualul sistem național de informații specializate în: obținerea, verificarea, clasificarea, sintetizarea, comunicarea și utilizarea informațiilor în timp util în actul de decizie.

Lt. Col. (r) Dumitru Prichici, autorul prezentei legi, va conduce din punct de vedere al asimilării prevederilor legii și a metodologiei în perioada de prezentare și stabilire a regulamentelor de ordine interioare în detaliu, a noului sistem de organizare și funcționare, precum și în perioada de simulare a implementării noului sistem timp de 30 de zile lucrătoare de la data publicării în Monitorul Oficial, simulare fără întreruperea și fără afectarea activităților curente din actualul sistem al Siguranței Naționale.

Art. 3 – Metodologia de aplicare a prezentei propuneri legislative în ansamblul ei, va fi stabilită din punct de vedere juridic și constituțional de CSAT, elaborată și aplicată de noua conducere a DGSI, cu avizul Comisiei Parlamentare Comune de Control a Serviciilor de Informații pe plan intern și extern în concordanță cu prevederile Art. 148 și 149 din Constituția României, ca membră a Uniunii Europene și a Organizației Tratatului Atlanticului de Nord.

ANEXA 5: SIGLA DGSI

Pentru antetul documentelor, legitimațiilor și insignelor de servicii, va fi păstrată actuala siglă a SRI, cu inscripționarea noii denumiri prescurtată „DGSI" în locul „SRI".

Demersurile juridice, legislative pentru omologarea noii denumiri vor fi îndeplinite de CSAT și Parlamentul României.

Întocmit, Lt. Col. (r) Dumitru Prichici
Proiect protejat de legea 8/1996 și OSM.

ANEXA 6 LA LSNR: DEMNITARI DE STAT ŞI PUBLICI

Propunere privind selecţia conducătorilor instituţiilor publice, candidaţi pentru alegeri: europarlamentare, prezidenţiale, parlamentare şi administrative.

Metamorfoza COMUNITĂŢILOR omeneşti stabilite de milenii pe teritorii delimitate de graniţe istorice naturale sau artificiale, a condus la apariţia unor colectivităţi statornicite, numite NAŢIUNI, conduse şi administrate de organizaţii private, iniţial numite STATE.

Aceste organizaţii îşi arogă titlul de stat, deşi sunt private, prin natura alcătuirii lor din una sau mai multe persoane, desemnate prin votul membrilor organizaţiilor politice, aplică forţa coercitivă a legilor arbitrar stabilite de aceşti emanaţi numiţi în funcţii de administraţii şi legiuitori, de cele mai multe ori prin fraudarea voturilor.

Astfel de emanaţi îşi arogă fără drept denumirea de STAT, pentru a-şi subordona interesele NAŢIUNII, deşi poporul este suveran, emanaţii, respectiv partidele politice prin programele lor de guvernare cu interese diametral opuse, conflictuale, contrare intereselor poporului pe termen scurt, mediu şi lung.

Această formă de coabitare de la apariţia ei şi până în zilele noastre, nu a fost lipsită de conflicte care au condus la revolte, războaie civile şi la dispariţia totală sau parţială a unor colectivităţi, coabitare ce continuă spre acelaşi deznodământ, în ţări ai căror politicieni sunt fără scrupule, fără demnitate, avizi de putere, abili demagogi, indiferent din ce partid fac parte.

Pericolul cel mai grav îl constituie doctrinele unor partide politice efemere, a căror orientare politică este folosită după preluarea puterii, în beneficiul altor state, pentru reprimarea adversarilor politici, suspendarea democraţiei şi instalarea dictaturii.

În anul 2013, România se afla la răscruce de drumuri, politicieni cu funcții decisive în STAT sunt „determinați" de forțe obscure să se manifeste public violent împotriva Instituțiilor DEMOCRATICE, motiv pentru care propun:

– Selecționarea Demnitarilor publici, evaluați și atestați ca membri ai Clubului Elitei de către Consiliul Național de Evaluare și Atestare, propozabili ocupării fotoliilor din Parlament, Președinție, Guvern, Justiție, Instituții Publice, indiferent de vârstă.

Noua procedura de selecție a Demnitarilor de Stat și Publici cuprinde:

Examenul de specialitate multidisciplinar, precedat de examenul psihiatric, dovadă cazier judiciar, naționalitate și cetățenie română, creștini, condiții eliminatorii, urmate de testul pentru evaluare, înscrierea pentru susținerea examenului în fața Comisiei Reunite ROMÂNE, alcătuită din: academicieni, profesori universitari, specialiști din toate domeniile de activitate recunoscuți pe plan național și internațional.

1. Evaluarea multidisciplinară privind: competența profesională, realizări profesionale de excepție, nivel cultură generală, arta conversației, oratorie, protocol, cunoașterea principiilor democratice, onestitate, limbi străine, neafiliați la organizații oculte, activități politice anterioare, starea materială personală, familială și a rudelor de gradul 2.

2. Membrii comisiei de examinare și candidații nu pot fi persoane compromise, cum sunt membrii unor organizații sau partide politice nedemocratice, marxiste, extremiste, care ar afecta credibilitatea comisiei și a Demnitarilor de Stat și Publici atestați.

3. Presa audio-vizuală publică va asigura transparența examinării și mediile obținute.

4. Candidații, la înscrierea pentru susținerea examenului de atestare vor preciza demnitatea publică și specialitatea pentru care susțin examenul, a cărui medie generală minimă 8 va fi decisivă pentru înscrierea pe listele de candidați în alegeri, în ordinea descrescătoare a mediilor, pentru

Preşedinţie, Parlament, Guvern, Instituţii Publice, criteriul de bază pentru repartizare în funcţii fiind nota obţinută la examenul de specialitate.

5. Numărul candidaţilor la examen este nelimitat, Demnitarii de Stat şi Publici atestaţi vor fi ÎNSCRIŞI în Clubul Elitelor în ordinea mediei generale şi a notelor obţinute la examenul de specialitate pentru care au optat la înscriere.

6. NUMIRILE în listele electorale vor fi în baza Diplomei de Demnitar de Stat şi Public atestat, şi de membru al „Clubului Elitei", al cărui statut va oferi şi cele mai eficiente politici de dezvoltare a naţiunii române, pe termen scurt, mediu şi lung, aşezând România în vitrina ţărilor dezvoltate, civilizate, pentru viitoarele generaţii.

7. Demnitarii sunt aleşi pe viaţă, sunt propozabili cât timp sunt atestaţi Demnitari de Stat şi Publici necontestaţi de opinia publică sau de membrii Consiliului de onoare al „Clubului Elitei".

8. Costurile creării şi funcţionării acestei elite a Demnitarilor, devotată Naţiunii Române, sunt mult prea mici faţă de actualele pagube materiale şi deteriorare a imaginii publice a politicienilor, abili demagogi, cu repercusiuni grave asupra bugetului domeniului public şi privat, a fiecărei familii, a fiecărui cetăţean.

9. Retribuirea Demnitarilor în perioada exercitării funcţiei va fi stabilită la nivelul maxim pe economie, cu posibilitatea unei creşteri anuale proporţionale cu creşterea produsului intern brut, creşterea salariilor minime pe economie oferite în domeniul public şi privat, a pensiilor, asigurărilor de sănătate şi ajutoarelor sociale justificate şi echitabile.

10. Demnitarii, în timpul exercitării funcţiei publice, nu pot conduce în mod direct sau indirect în acelaşi timp şi propriile afaceri, fiind bugetari prin retribuţia lunară ca Demnitari de Stat şi Publici, ale căror venituri vor fi declarate în scris public, anual.

11. Clubul Elitei va avea iniţial un efectiv de cca 1.000 de membri atestaţi şi va funcţiona prin autofinanţare, autoadministrare, ca un guvern în stand-by, cu misiunea de a coopta un număr suficient de mare de membri

ce vor fi înlocuiți, la unul sau cel mult două mandate a câte patru ani de activitate pentru fiecare mandat.

12. Excluderea Demnitarilor de Stat și Publici din Clubul Elitelor, pentru daune materiale și morale săvârșite cu premeditare, exceptând cazurile fortuite, atrage fără echivoc excluderea din orice funcție publică, deferirea cazului justiției, judecarea și condamnarea în regim de urgență.

13. Clubul Elitei funcționează prin autofinanțare, autoadministrare, garanție a competenței și moralității candidaților independenți pentru alegerile Prezidențiale, Europarlamentare, Parlamentare, Administrative, pe plan intern și extern.

Comparând cu unii politicieni, membri ai partidelor politice, a căror moralitate, caracter, competență profesională și vicii ascunse au afectat imaginea partidelor și au decepționat propriul electorat, Clubul Elitei garantează prosperitatea și prestigiul românilor și României.

14. Partidele politice, deși sunt persoane juridice private, sunt finanțate și în prezent, cu sume enorme, în baza legii 334/2006, din aberantele taxe și impozite impuse și pe stâlpi, pe albinărit, pe apă de ploaie, pentru buzunarele lor, a politicienilor, a rudelor și prietenilor.

Pe lângă Clubul Oamenilor de Știință al Academiei Române, România va avea și Clubul Elitei Demnitarilor de Stat și Publici, care va funcționa prin autofinanțare, din donații, sponsorizări, cotizații, prin taxa de inițiere, evaluare, examinare, atestare, eliberarea diplomei, simbolul Clubului Elitei, conform prevederii anexei 9 la LSNR și a Constituției României în vigoare.

15. Numărul membrilor Clubului Elitei și simpatizanților nu este limitat.

16. Proiectul este aplicabil din toamna acestui an și în cazul unor alegeri anticipate, oferind șansa de a fi atestat ca Demnitar de Stat și Public oricărui om politic, cu condiția respectării criteriilor stipulate în acest proiect.

Autor: Lt. Col. (r) Dumitru Prichici.
Proiectul este protejat de legea 8/1996 și OSIM.

ANEXA 9: CLUB ELIT (CE)

Înființat azi, 06. 02. 2013, la București, România, pentru organizarea Clubului Demnitarilor de Stat și Publici atestați, persoane elevate, români creștini, onești, de mare valoare spirituală, intelectuală, științifică, indiferent de vârstă, iubitori a tot ce a creat Dumnezeu, pentru a păstori națiunea română, fără a fi membri simpatizanți sau susținători material ai unui partid politic, ca membri evaluați și atestați de Comisia Reunită a Profesorilor Universitari și specialiști de renume european din toate domeniile de activitate, urmând a ocupa funcții în baza prevederilor Legii 188/1999, consolidată în 2014.

1. Statutul: Clubul Demnitarilor de Stat și Publici atestați (Club Elit) CE.

2. Numărul membrilor activi este limitat prin calitatea de Demnitari.

3. Numărul membrilor onorifici, susținători material și simpatizanți este nelimitat și beneficiază de consultanță în vederea susținerii examenului de viitori Demnitari.

4. Sigla va reprezenta un păstor cu turma, din spațiul mioritic și prescurtarea Club Elit scris pe fondul roșu, galben și albastru al drapelului României.

5. Insigna va reprezenta sigla: pe un suport metalic aurit pentru membrii onorifici și activi, pe un suport metalic argintat pentru membrii susținători material, având pe verso inscripționat numărul de ordine al diplomei sau carnetului de membru și numărul de ordine în cartea de onoare a Clubului Elitelor.

6. Deținătorul titlului de Membru al CE va fi recunoscut și numit în funcții de Demnitar de Stat și Public atestat și în țările afiliate la CE, în baza unui contract între CE și solicitantul extern.

7. Excluderea Demnitarilor de Stat și Publici din Clubul Elitelor și din funcții Publice se face conform prevederilor punctului 12 din Anexa 6 la LSNR.

8. Acest document este protejat ca marcă de OSIM și Legea 8/1996.

9. Utilizarea prevederilor acestui proiect, parțial sau total, fără acordul scris al proprietarului de fapt și de drept, atrage aplicarea legilor ce pedepsesc furtul intelectual.

10. Tabel nominal cuprinzând membrii Comisiei Reunite.

1...
2...
3...
4...
5...
6...
7...
8...
9...
10...
11...
12...
13...
14...
15...
16...

Conceput: Lt. Col. (r) Dumitru Prichici

ANEXA 10 LA LSNR: PROPUNERE PRIVIND SOLUȚIONAREA CONFLICTULUI ETNIEI „RROME", CU POPULAȚIILE ȚĂRILOR UNIUNII EUROPENE, ÎN VEDEREA INTRĂRII ROMÂNIEI ÎN SPAȚIUL SCHENGEN

Ca urmare a exodului în masă după 1989 în țările occidentale a țiganilor, etnicilor „rromi", nomazi de origine certă indiană, plecați în pribegie, fără acte de identitate, fără naționalitate, răspândiți în toată lumea, propun măsuri pertinente, realizabile cu sprijinul instituțiilor abilitate prin inițierea diligențelor diplomatice pentru transpunerea în practică a unui program pe etape de integrare în statele Uniunii Europene.

Veridicitatea acestei propuneri de soluționare pe cale diplomatică a integrării țiganilor (rromilor) în civilizația europeană, este cuprinsă și în noua Legea a Siguranței Naționale a României, Cap. II Art. 11, aliniat 2, pe care am conceput-o, o anexez și o susțin argumentat în ședința Camerelor Reunite din Parlamentul României, la propunerea unui partid politic.

Aceste măsuri vor contribui la ridicarea nivelului cultural, educativ, moral și material al acestei etnii, pentru liniștea și ordinea publică în Uniunea Europeană, pentru o viață decentă ca cetățeni ai țărilor adoptive, utili prin multitudinea profesiilor și talentelor lor dobândite sau înnăscute, benefice societății în care muncesc și trăiesc.

1. Obținerea acordului de principiu al Guvernului Indiei privind recunoașterea naționalității și cetățeniei fiilor săi plecați de secole spre Europa, demers în vederea încheierii unui tratat reciproc avantajos pentru statele semnatare, modalitatea de emitere a actelor de identitate privind naționalitatea de indian în baza cererilor individuale, cu respectarea condițiilor stabilite de părțile semnatare.

2. Ca și cetățeni de naționalitate indiană, prin intermediul Consulatelor și prin mijloace proprii, vor milita pentru cunoașterea aprofundată a culturii

și istoriei statului european adoptiv, cât și a statului indian, în scopul dezvoltării schimburilor din domeniul turismului, culturii, comerțului și a altor domenii de activitate, în scopul creării locurilor de muncă, atât în India, țara de origine, cât și în țara în care au primit cetățenia.

3. Statele Uniunii Europene vor elimina termenul de țigan și rom din presa scrisă și audiovizuală, vor susține moral și material școlarizarea copiilor și tinerilor, colectivităților etniei sub noua denumirea de „indian", pentru instruirea, educația civică și integrarea în societatea statului adoptiv prin acordarea cetățeniei, a dreptului și obligației lor cetățenești privind continuarea instruirii civice în propriile familii și a colectivității lor etnice, în limba oficială a statului adoptiv și a statului indian.

4. Din rândul cetățenilor europeni de origine indiană, pot fi recrutați fără rezerve tineri de valoare pentru activități intelectuale și fizice, creștini, educați în acest spirit.

Propun acest mod de soluționare a conflictului cu etnia rromă spre liniștea și binele tuturor statelor europene și a acestei etnii, folosită ca masă de manevră destabilizatoare, de forțe politice ostile Uniunii Europene, etnie ce nu depășește 0,1% din populația UE, dar suficientă ca forță destabilizatoare a liniștei și ordinii publice, a păcii sociale.

În cazul acceptării acestei propuneri, sunt la dispoziția dumneavoastră pentru detalii.

Anexez interviul acordat pe această tem, revistei „Lumea sub lupă", nr. 8, din august 2009, sub titlul „Romii, oameni fără naționalitate".

Proiect protejat de legea 8/1996 și OSIM.

Lt. Col. (r) Dumitru Prichici, 26. 03. 2010.

LUMEA

Romii, oamenii fără naționalitate?

Dumitru Prichici

Oameni neglijenți cu propria soartă, a căror sentimente naționale au dispărut în negura vremii, generații întregi acceptând condiția de sclavie și robie în țările adoptive, în locul unui efort în sensul pregătirii lor intelectuale, educației și instruirii, pentru integrarea socială.

Cine și cum poate ajuta o etnie migratoare chiar și în zilele noastre, cu vicii în instruire și în comportament în societatea ce îi găzduiește?

Cine își asumă paternitatea lor, vocabularul lor sărac în toate domeniile de activitate și cei mai grav analfabetismul ce îi caracterizează, un handicap în cunoașterea legilor scrise, a acelui stat?

Dacă glasul paternității nu se face auzit, poate mama lor India le va întinde o mână salvatoare, oferindu-le naționalitate fiilor rătăcitori, așa cum o au și o păstrează de secole indienii ce au migrat pe coasta de est a Africii, iscusiți comercianți cum ar fi cei din capitala Tanzaniei.

Am admirat corectitudinea lor ca negustori dar și gestul lor de a privi seară de seară, de la mic la mare, copii, părinți și bunici, spre țara lor, spre răsărit, în semn de respect față de mama lor India.

Din câte știu, nu toate mamele își iubesc toți copiii la fel, însă sper că "Mama India" nu-și va renega fiii rătăcitori, plecați de acasă cu secole în urmă de frica sclaviei, de care tot nu au scăpat chiar de s-au numit robi, și care în prezent sunt folosiți ca masă de manevre a politicienilor, sau în activitățile crimei organizate.

Dacă ROM înseamnă OM în limba lor, țigan este la fel de necorespunzator în zilele noastre când o parte din ei au pornit pe calea culturalizării, specializării profesionale și chiar încadrarea în normele de conduită impuse de societatea în care trăiesc.

Ce le lipsește? Cetățenie au primit!

Nu au însă declarată naționalitatea de indian cu care și eu m-aș mândri să o am, pe lângă cea de român, dacă conducerea statului mamă ne-ar oferi-o, lor ca unor fii rătăcitori, iar mie ca turist al anului 1969, din nordul până în sudul Indiei, voiaj descris în cartea document "Condamnați la tăcere".

Odată dobândită naționalitatea de Indian, ar mai fi suficientă o susținere morală intensă și poate o simbolică susținere materială pentru educarea civică, culturalizarea și specializarea profesională a celor fără posibilități materiale.

Cei câteva milioane de fii rătăcitori ai "Mamei India" aflați pe teritoriul Europei, nu ar fi un impediment pentru un stat cu peste un miliard de locuitori, cu o pătură socială de mijloc bine dezvoltată și mai ales cu un număr mare de oameni de cultură și știință recunoscuți pe plan mondial.

Adresez acest mesaj, și conducătorilor țărilor Europene, Parlamentului European spre supunere unor dezbateri, spre liniștirea spiritelor și sufletelor ce au suferit de pe urma acestei anomalii de natură socială, create fără voia Lui Dumnezeu,

Nr. 8 / August 2009

72

73

PROPUNERE LEGISLATIVĂ CONCEPUTĂ DE LT. COL. (R) DUMITRU PRICHICI, RECOMANDAT PRIN:

1. Douăzeci și cinci de ani de activitate, în calitate de ofițer tehnic-operativ, în cadrul Comandamentului de Tehnică Operativă și Transmisiuni, din Departamentul Securității Statului, 1963 – 1987, cu misiuni și pe plan extern.

2. În anul 2000, am fost invitat la dezbaterea în Parlamentul României, pentru a comenta și prezenta propuneri privind „Protecția și clasificarea informațiilor secrete", în care am expus punctul meu de vedere impus de necesitatea reorganizării structurilor informativ-operative, la nivelul cerințelor zonei geopolitice-geostrategice în care se afla România, în vederea realizării proiectului legii 182/2002.

3. În iunie 2004, am fost invitat la seminarul cu participare internațională organizat de Universitatea Națională de Apărare „România Membru al Alianței Nord Atlantice", pentru a expune tema „Metode și Mijloace Tehnico-Operative pe plan mondial", cu exemple din actuala perioadă de tranziție, la care am prezentat studiu de caz TEPRO IAȘI (anexat).

4. Am publicat un scurt istoric în domeniul activității fostelor și actualelor Servicii de Informații din România, în perioada 1945–2005, intitulat CONDAMNAȚI LA TĂCERE.

5. După 1989, am oferit publicului larg în deplină legalitate juridică, consultanță în domeniul protecției bunurilor și persoanelor și un „Dispozitiv electronic automat pentru protecția anti-teroristă, împotriva șantajului, corupției și a convorbirilor telefonice «pirat» brevetat de OSIM sub Nr. 119401RI/2004, cu mențiunea „bun pentru producția de serie" și premiat cu locul III la TIB Inventica 2004, considerat în mod abuziv ca „armă a crimei" în dosar nr.2807/P/1996, produs de SC Zenith Trading Consult SRL, cu statut legal juridic aprobat în domeniul cercetării, proiectării, producției

şi comercializării mijloacelor tehnic-operative pentru protecţia bunurilor şi persoanelor, precum şi alte brevete în slujba oamenilor (anexate).

6. În anul 1995, la cererea Preşedintelui Corneliu Coposu, Preşedintele PNT-CD, am întocmit prezentul proiect de Lege a Siguranţei Naţionale a României, de organizare şi funcţionare a Direcţiei Generale a Serviciilor de Informaţii, în vederea susţinerii în Parlamentul României de către Convenţia Democrată, în cazul intrării la guvernare în anul 1996, pentru înlocuirea Legilor 51/1991 şi 14/1992, considerate a avea multe fisuri grave, cu premeditare prevăzute, în scopul destabilizării vieţii ECONOMICE, SOCIALE şi POLITICE.

7. Cum poate fi calificat termenul „CONTRACTAREA acţiunilor de iniţiere, organizare sau constituire a unor structuri informative care pot aduce atingere siguranţei naţionale", utilizat în art. 7 din Legea 14/1992 a Serviciului Român de Informaţii sau termenul „Pentru COORDONAREA crimei organizate", utilizat în art. 17 pag. 36 din Legea 71/1994 a Poliţiei Române, greşeli impardonabile de tipărire în limba română, dovadă în „Legislaţia română, Volumul 13, Bucureşti, 1994).

8. Personal, nu consider posibilă asigurarea stării de legalitate, de echilibru, de stabilitate socială, economică şi politică necesară existenţei şi dezvoltării naţiunii române suverane, unitare, independente şi indivizibile, fără cunoaşterea permanentă şi la cel mai înalt nivel a pericolelor ce pot afecta viaţa şi activitatea de zi cu zi a cetăţenilor români şi a demnitarilor de stat şi publici, motiv pentru care asigur toţi cetăţenii de bună credinţă din România, că toţi specialiştii în domeniul informativ-operativ din DGSI protejaţi de această lege, vor respecta jurământul militar cu preţul vieţii lor.

Proiect protejat de legea 8/1996 şi OSIM.
Lt. col. (r) Dumitru Prichici.

POLITICĂ - EXTERNE

Bătaie pe modificările Legii siguranței naționale

27 04 2002

Proiectul de lege privind modificarea Legii siguranței naționale are o „paternitate" controversată, disputele pe această temă născînd în cursul acestei săptămîni adevărate scandaluri. Acum o săptămînă, deputații Emil Boc (PD) și Mona Muscă (PNL) au înaintat Biroului Permanent al Camerei Deputaților o propunere legislativă pe această temă. Conceperea proiectului a fost însă revendicată și de pesedistul Ion Stan, în numele Comisiei parlamentare de control SRI pe care o conduce. Marți, la o zi după Emil Boc și Mona Muscă, comisia a depus propriul proiect, prezentat apoi într-o conferință de presă. Acesta a fost momentul în care a izbucnit scandalul. Deși nu apare printre inițiatorii proiectului lucrat la Comisia SRI, deputatul PRM Daniela Buruiană i-a acuzat vehement pe Boc și Muscă de plagiat, de furt intelectual. Buruiană afirmă că membrii Comisiei SRI au lucrat un an la acest proiect. Susținută de Ion Stan, Daniela Buruiană a afirmat că Emil Boc și Mona Muscă au citit proiectul comisiei și au „preluat" ideile.

La auzul acuzațiilor, deputatul Emil Boc a declarat că, dacă în termen de o săptămînă Buruiană nu retractează afirmațiile, se va ajunge la judecată, despăgubirile solicitate urmînd să se cifreze la un miliard de lei. Afirmînd că Buruiană „este frustrată deoarece nimeni nu vrea să colaboreze cu ea", Boc a precizat: „Între textul meu și al comisiei există diferențe ușor sesizabile - al meu este democratic, al comisiei are accente antidemocratice". El a mai declarat că a fost ajutat de APADOR-CH să elaboreze propunerile de modificare a Legii siguranței naționale. Emil Boc nu a exclus ca tot scandalul să fie o „diversiune în stil SRI" a lui Ion Stan, cu scopul de a compromite opoziția. După cum ne-au declarat unii reprezentanți ai PNL, în ceea ce o privește pe Mona Muscă, problema ar putea fi dezbătută în ședința conducerii PNL de săptămîna viitoare. Există voci în partid care afirmă că acuzațiile ar putea fi adevărate, alții spun însă că Mona Muscă este mai presus de orice bănuială, promovîndu-și inițiativele legislative proprii.

CRISTINA SOFRONIE

Foto: Karina Knapek

Rompres

Mona Muscă, Ion Stan și Emil Boc se ceartă din cauza unei legi

Adevăratul „părinte" provine din fosta Securitate

În brambureala generală privind disputa paternității noului proiect de lege a siguranței naționale, a apărut o surpriză „de zile mari". În urma unei emisiuni televizate joi seara, ne-a sunat la redacție un fost colonel de Securitate, Dumitru Prichici. Acesta ne-a spus că, de fapt, PRM ar fi plagiat un proiect de lege conceput de el încă din 1998. Este vorba de un proiect privind înființarea, sub o formă nouă, modernă și eficientă a „Direcției Generale a Serviciilor de Informații", prin unificarea actualelor structuri informativ-operative, prezentat, încă din 1999, în Evenimentul zilei. Colonelul Prichici susține că, în luna februarie, 2002, a depus la Parlament, în atenția tuturor partidelor parlamentare, acest proiect privind reunificarea serviciilor secrete. Fostul colonel de securitate, acum în rezervă, îi reproșează Danielei Buruiană că a făcut trimitere la „proiectul de lege Prichici" fără să-l cheme să discute despre acesta.

CHRISTIAN LEVANT

113

UNIVERSITATEA NAȚIONALĂ DE APĂRARE
CENTRUL DE STUDII STRATEGICE DE APĂRARE ȘI
SECURITATE

ROMÂNIA, MEMBRU AL ALIANȚEI
NORD-ATLANTICE

LUCRĂRI PREZENTATE ÎN CADRUL SEMINARULUI
CU PARTICIPARE INTERNAȚIONALĂ ORGANIZAT DE
UNIVERSITATEA NAȚIONALĂ DE APĂRARE, PRIN
CENTRUL DE STUDII STRATEGICE DE APĂRARE ȘI
SECURITATE, ÎN COLABORARE CU AGENȚIA DE
CERCETARE PENTRU TEHNICĂ ȘI TEHNOLOGII
MILITARE

3–4 IUNIE 2004

EDITURA UNIVERSITĂȚII NAȚIONALE DE APĂRARE
BUCUREȘTI, 2004

SPIONAJ ȘI CONTRASPIONAJ

Locotenent-colonel (r) Dumitru PRICHICI

METODE ȘI MIJLOACE TEHNICE-OPERATIVE UTILIZATE PE PLAN MONDIAL

Având în vedere imposibilitatea prezentării acestui vast domeniu de activitate, ce se confundă cu existența în timp a omului și a preocupărilor lui, în trecut, în prezent și în viitor, având la bază o caracteristică a firii omului, „curiozitatea", dorința de a cunoaște lumea în care trăiește, ca și pe sine însuși, pentru a decide pentru el și pentru semenii lui în baza unei informații reale, iar în zilele noastre febra concurenței în domeniul comercial, financiar, bancar, științific, militar, a botezat-o „spionaj", fapt pentru care voi încerca să prezint succint câteva din aspectele menționate în titlu și unele aspecte privind legile scrise sau nescrise care guvernează acest domeniu de activitate, prezentându-vă cazuri reale sau imaginare.

Mă voi referi atât la spionaj, cât și la contraspionaj, într-un mod mai puțin tehnicist, expunându-vă cauzele apariției, dezvoltarea și efectele acestui domeniu de activitate asupra modului de viață a fiecăruia dintre noi, a întregii națiuni.

Puțini autori ai unor romane polițiste au descris aspecte din intimitatea acestui domeniu, fie că nu au avut acces la secretele profesionale, fie că au păstrat aceste secrete când au fost intervievați cu insistență de ziariști români sau străini, așa cum am fost și eu întrebat cu insistență de reportera Jeana Gheorghiu despre o anumită componentă electronică dintr-un aparat pentru comunicații, considerată o invenție de mare valoare înregistrată la secret cu zeci de ani în urmă, într-o țară europeană.

Dacă în Legea 51/1991 se precizează, la art. 2, că siguranța națională se realizează prin cunoașterea, prevenirea și înlăturarea amenințărilor interne și externe, este limpede că fiecare cetățean român sau străin aflat pe teritoriul României își poate desfășura activitatea de zi cu zi în liniște și pace. Pentru îndeplinirea acestei misiuni importante și discrete în același timp, de către instituțiile de stat abilitate, este necesară o pregătire morală, o dotare tehnică modernă și o pregătire profesională deosebită, de acești factori depinzând siguranța națională, siguranța publicului larg, desfășurării în bune condiții în totalitatea lor a activităților din sectorul de stat și privat.

Metodele și mijloacele tehnico-operative ofensive, de spionaj, pe plan mondial se referă la obținerea prin interceptările de toate tipurile: telefon, fax, telex, radio, prin rețeaua de alimentare cu energie electrică, din corespondența poștală diplomatică, prin căutarea micropunctelor și a înscrisurilor cu cerneluri simpatice, prin mijloace și metode de observare – supraveghere terestră, submarină și din spațiu, în timp ce metodele și mijloacele tehnico-operative defensive, de contraspionaj, se referă la protecția informației, a celor ce dețin informațiile, a depistării spionilor, a mijloacelor și metodelor tehnice ofensive utilizate de aceștia.

Dacă înainte de 1989 erau secrete mijloacele tehnice folosite în spionaj și contraspionaj, după această dată s-a constatat că și piața românească este plină de asemenea mijloace tehnice, în domeniul înregistrărilor convorbirilor telefonice, radio și televiziune cu circuit închis, comercializate, instalate și utilizate fără restricții, considerându-se secret doar obiectivul, metodele folosite, informațiile obținute, cine le solicită sau în ce scop sunt exploatate informațiile.

Spionajul, în general, folosește metode adaptabile la obiectivul vizat pentru infiltrarea sau racolarea unui salariat sau orice persoană cu drept de acces în spațiul altei persoane fizice sau juridice care prezintă interes, în care urmează să-și planteze propriile mijloace tehnice sau să folosească mijloacele existente în spațiul obiectivului, cum ar fi în repartitoarele centralelor telefonice de instituții, fixe sau mobile, rețele de calculatoare ale unor instituții de stat de importanță strategică etc.

Cu acest prilej, voi răspunde la o întrebare adesea pusă de ziariști și nu numai: Poate fi ascultată, supravegheată, observată, prin orice mijloace tehnice de interceptare, o națiune întreagă?

Răspunsul meu este DA, dar periodic, pe rând, în funcție de interesele conducerii statului respectiv, începând cu toți cei vizați pentru numiri în funcții de conducere, toți cei ce dețin secrete de stat sau toți cei ce sunt certați cu legile în vigoare. Capacitatea centrelor de interceptare și în special de stocare a datelor a crescut față de 1989 considerabil, dar și infracționalitatea a crescut foarte mult, fără frică, din motivele pe care le cunoaștem.

Adevărul este, cine nu are frică de Dumnezeu să-i fie frică de tehnica-operativă care nu iartă! Mai ales dacă luăm în calcul și posibilitatea de ascultare a interioarelor prin intermediul telefonului dotat cu un sistem „INFINITI", inventat cu câteva decenii în urmă, care era ușor de instalat de o persoană intrusă ocazional sau permanent în acel loc, pentru a schimba o capsulă a microreceptorului telefonului din dormitorul sau biroul unui demnitar spre exemplu, ce poate fi apoi înregistrat din orice punct din lume, de la mii de kilometri, printr-o simplă comandă de pornire a amplificatorului cu microfon, dată cu ajutorul unei „muzicuțe"care emite un semnal de 440 Hz.

Sunt convins că acest sistem a evoluat și sub alt nume și nu este exclus să fie inclus în lista serviciilor telefonice ale unor firme.

Un alt sistem de ascultare de la distanță, fără a fi necesar să se intre în spațiul obiectivului pentru a instala un emițător, este sistemul bombardării ferestrelor obiectivului vizat cu un fascicul laser, care detectează vibrațiile geamului determinate de vocea umană din încăpere.

Cel mai simplu și mai ieftin sistem de ascultare a convorbirilor telefonice, care nu necesită nici măcar sursă de alimentare și se montează oriunde pe linia ce se dorește a fi ascultată, este un microemițător pe o frecvență din ultrascurte, cu o putere de propagare de câteva zeci de metri, ce poate fi ascultat și înregistrat pe orice memorie într-un apartament vecin sau autoturismul personal parcat în zona de propagare, dar şi la distanţe mult mai mari prin retransmiterea semnalului.

Am dat câteva exemple de metode şi mijloace tehnico-operative ofensive pentru spionajul din mai multe domenii de activitate, încă utilizate, fără a face referire la metodele şi mijloacele folosite în trecut în acest domeniu indispensabil pentru orice societate. La dispoziţia omului stau în prezent sistemele sofisticate de supraveghere prin sateliţii artificiali de comunicaţii, la realizarea cărora au participat şi oamenii de ştiinţă români.

Adevărul este că „informaţia reprezintă cea mai scumpă marfă", fapt ce a determinat apariţia unor structuri informativ-operative defensive, de contraspionaj, al căror scop este de a veghea asupra modului de păstrare şi utilizare sub un control strict, în funcţie de valoarea reală a informaţiei.

Obţinerea, deţinerea, comunicarea, utilizarea şi stocarea informaţiilor impun respectarea regimului legal stabilit pentru fiecare categorie de informaţii şi nivelul de criptare (cifrare), astfel că, în cazul penetrării uneia din situaţii, să fie asigurat secretul informaţiei.

Pentru aceste motive, unităţile de contraspionaj din România au în actuala situaţie din zona geopolitică în care ne aflăm şi în virtutea faptului că suntem membri ai NATO, obligaţia de a fi la înălţimea cerinţelor, pregătiţi moral, material şi profesional.

Catastrofele, orice origine ar avea, fac victime şi, de fiecare dată, lumea se întreabă cum a fost posibil să nu fie informaţi de cei ce veghează la pupitrele centrelor de ascultare, de ce nu s-a ştiut că firma „Z" va transporta o substanţă explozivă care ar putea produce o catastrofă, aducând atingere siguranţei naţionale, şi poate nu cu bună ştiinţă, nu pentru a crea panică, nu pentru a lipsi economia românească de un anume obiectiv industrial strategic sau de un produs strategic pentru agricultură, ci pur şi simplu pentru că unii nu respectă art. 3, litera f din Legea 51/1991, iar alţii nu veghează la respectarea legii.

Dacă spionajul străin a căutat informaţii despre un sector de activitate românesc, pentru a-l distruge şi a-l scoate de pe piaţa mondială, a găsit un TEPRO Iaşi, iar contraspionajul românesc, deşi a fost la datorie de această dată, constatăm că informaţia nu prezenta interes şi pentru unii domni, lăsând să se producă un atentat la siguranţa naţională, soldat cu victime, dar posibil şi cu demiteri în serviciul de contraspionaj. Greşeala, în acest caz deosebit de grav, aparţine, după părerea mea, conducerii întreprinderii, pentru că nu a apelat la protecţie, în baza art. 17 şi 18 din aceeaşi Lege 51/1991 şi a art. 5 şi 6 din Legea 14/1992, probabil din motive numai de directori cunoscute, sau de teama introducerii unor microfoane în birourile lor, fără a şti unde sunt ascunse şi când funcţionează.

O zicală din vremurile apuse, care circulă în rândul specialiştilor în contrainformaţii, spune: „mai repede găseşti un ac în carul cu fân, decât un microfon într-un obiectiv". Zicala merită dezvoltată, ca subiect de discuţie pe tema costurilor acţiunilor şi aparaturii necesare depistării sistemelor de ascultare utilizate de spionaj în ultimele decenii.

Fiecare dispozitiv sau metodă de ascultare, supraveghere video şi audio, intrată în dotarea unor servicii de spionaj, determină şi apariţia antidotului, descoperirii şi anihilării acestora de către serviciile de contraspionaj, dar cu preţuri mult mai mari, cum ar fi, de exemplu, disproporţia dintre preţul unui microemiţător plantat pe o linie telefonică de cca 50 USD, faţă de 15.000 USD preţul unui tester pentru liniile telefonice, cu osciloscop încorporat, la care se adaugă preţul de câteva sute de USD pentru o oră de căutare, depistarea şi extragerea emiţătorului, fie din aparatul telefonic, fie de pe circuitul de conectare a acestuia.

Protecţia împotriva ascultărilor convorbirilor interioare, telefonice sau prin radio, a creat o gamă largă de dispozitive mai mult sau mai puţin eficiente, dar în mod cert, doar câteva cu adevărat sigure, printre acestea numărându-se grija celui care deţine informaţii secrete să le secretizeze, respectând legile şi regulamentele în vigoare.

În cazul discuţiilor secrete în interiorul unui birou, singura soluţie sigură de protecţie este utilizarea renumitei instalaţii fonice cu circuit închis, iar în cazul utilizării telefonului, faxului, telexului sau radio, dotarea acestora cu dispozitive de criptare sau secretizare a mesajelor, cu grad de secretizare cât mai ridicat. Preţul unui astfel de dispozitiv de secretizare poate depăşi

5.000 USD pentru aparatul telefonic, pentru fax, telex sau emisiuni radio cca 10.000 USD, iar prețul unui studio fonic transportabil cu 5 posturi, cca 1000 USD.

În prezent, contraspionajul românesc trebuie să fie cu un pas înaintea spionajului, dar cercetarea, proiectarea și producția mijloacelor defensive lipsește cu desăvârșire, după 1989, fiind dotați în cel mai bun caz de actualii prieteni, dar nu la nivelul cerințelor actuale, când România a devenit poarta de intrare spre Occident a unor indivizi cu misiuni deloc pașnice. Acum, am văzut că SPP-ul este dotat, dar cu o floare nu se face primăvară, decât poate pentru anumite evenimente.

Prețul informațiilor și prevenirii dezastrelor, posibil să se producă, cu premeditare sau fără, este mult prea mic față de prețul înlăturării urmărilor dezastrului, din acest motiv, consider eficientă doar eliminarea din fașă a oricărei tentative și pedepsirea exemplară a celor ce au deținut informații și, din diverse motive, nu au stopat producerea atentatelor pe teritoriul României la timp, indiferent de ce natură ar fi ele și cu ce urmări.

Timpul și spațiul pentru expunerea acestui domeniu de activitate fiind limitat, închei, mulțumindu-vă pentru atenție.

Propuneri pentru redefinirea cadrului legislativ al siguranței naționale

De la preluarea puterii, reprezentanții PSD au manifestat o vie preocupare pentru schimbarea cadrului legislativ referitor la siguranța națională și la serviciile secrete. În afară de controversata lege privind protecția informațiilor clasificate, votată pe articole de Camera Deputaților, pe masa Parlamentului se mai află legea CSAT, noua lege a CNSAS, în timp ce Executivul a promis că va elabora o nouă lege a siguranței naționale. Se află în pregătire și o lege privind statutul agenților de informații. În dezbaterea care însoțește schimbările s-a impus, în general, varianta agreată de PSD. Spectatorii au avut ocazia să audă doar punctul de vedere al Puterii și din când în când vocea anemică a Opoziției. Uneori presa a mai aflat câte ceva despre loviturile sub centură pe care și le administrează cele două tabere din PSD.

În ciuda aparențelor mediatice, există și în afara PSD oameni care ar avea ceva de spus în probleme atât de importante.

Dumitru Prichici, reprezentant al unei formațiuni extraparlamentare - Partidul Creștin Democrat -, a întocmit de ceva vreme două proiecte de legi, unul privind organizarea și funcționarea Direcției Generale a Serviciilor de Informații și al doilea referitor la siguranța națională.

Primul proiect se referă la înființarea unei Direcții Generale a Serviciilor de Informații (DGSI) care să se ocupe de culegerea, stocarea, analizarea, sintetizarea și comunicarea informațiilor factorilor de decizie în domeniul siguranței naționale. Practic, se urmărește unificarea actualelor structuri informativ-operative, respectându-se autonomia serviciilor componente, cu unicul scop de protejare a informațiilor secrete astfel încât ele să nu ajungă pe mâna diverselor grupuri de interese care să ajungă să șantajeze pe baza celor aflate.

DGSI va centraliza informațiile obținute de la SRI, SIE, SPP și de la structurile specializate din cadrul ApN, Ministerului de Interne, Ministerului Justiției sau MAE.

Activitatea DGSI este coordonată de Parlamentul României, direcția fiind controlată de Comisia Parlamentară Comună de Control, din punct de vedere informativ-operativ, structurii organizatorice centrale și teritoriale, pregătirii materiale și profesionale a cadrelor, al veniturilor

și cheltuielilor stabilite prin lege trimestrial și anual sau ori de câte ori se impune.

Personalul DGSI se compune din cadre militare care îndeplinesc atribuții informativ-operative și administrative permanente și este constituit din absolvenți ai școlilor militare de ofițeri și ai facultăților de profil din România.

Specialiștii DGSI încadrează documentele pe care le obțin în următoarele categorii: informații publice, secrete, secrete de importanță deosebită sau ultrasecrete.

Prin al doilea act normativ se precizează că siguranța națională a României este asigurată legislativ de Parlament, organizată și coordonată unitar de CSAT, conform prevederilor Constituției și convențiilor și tratatelor internaționale în vigoare.

Accesul la informațiile stocate în Banca de Date Operative a DGSI este admis fără intermedieri președintelui României, președinților celor două Camere și primului ministru în timpul mandatului lor. Miniștrii, prefecții, primarul general al Capitalei ar urma să aibă acces limitat la domeniile lor de activitate.

În cazul constatării unei posibile încălcări fără premeditare a prevederilor Legii siguranței naționale, vor fi luate măsuri urgente de atenționare a persoanelor implicate pentru prevenirea și stoparea săvârșirii unor asemenea fapte. Dacă încălcarea legii continuă în mod premeditat, constituie temei legal pentru a solicita organelor abilitate, cu respectarea Codului de Procedură Penală,

autorizarea efectuării supravegherii de către DGSI, stoparea încălcării legii și pedepsirea vinovaților.

Dacă prevederile legii au fost încălcate sub supravegherea DGSI, sau altei persoane fizice sau juridice, acceptând cu bună știință săvârșirea faptelor de încălcare a legii, pedeapsa s-ar aplica și celor care au tăinuit producerea faptelor.

Cetățenii care consideră că li s-au încălcat drepturile în timpul supravegherii de către DGSI vor putea sesiza Parlamentul, CSAT, Avocatul Poporului, Ministerul Public și vor putea solicita daune morale și materiale. Angajații DGSI care uzează de mijloace de constrângere fizică, morală sau materială ar răspunde administrativ, civil sau penal, după caz. (R.G.)

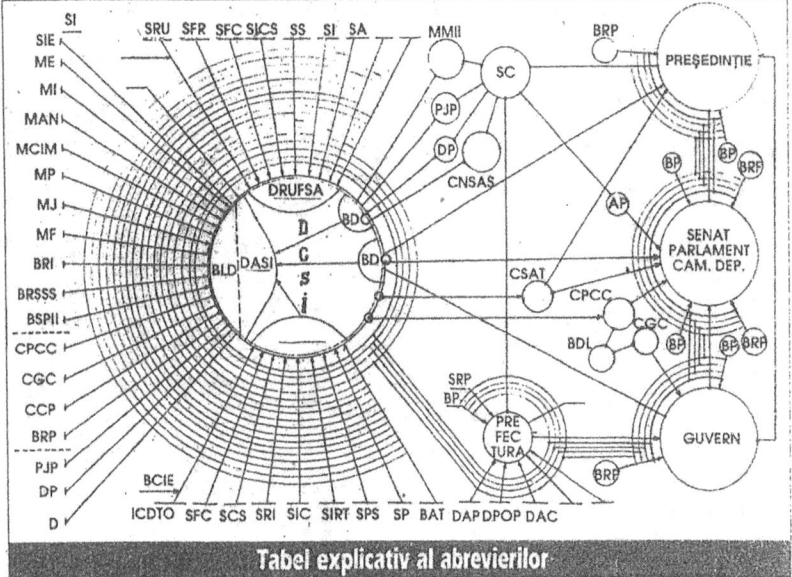

Tabel explicativ al abrevierilor

D.G.S.I. - Direcția Generală a Serviciilor de Informații; D.R.U.F.S.A. - Direcția Resurse Umane, Finanțe și Servicii Auxiliare; B.D.L. - Banca de Date în Lucru; B.D.C. - Banca de Date Casate; B.D.O. - Banca de Date Operative; D.A.S.I. - Departamentul de Analiză și Sinteză a Informațiilor; S.I. - Surse de Informații; S.I.E. - Serviciul Informații Externe; M.E. - Ministerul de Externe; M.I. - Ministerul de Interne; M.A.N. - Ministerul Apărării Naționale; M.C.I.M. - Ministerul Cercetării, Invenții și Mărci; M.J. - Ministerul de Justiție; M.P. - Ministerul Public; M.F. - Ministerul de Finanțe; B.R.I. - Birou Relații INTERPOL; B.R.S.S.S. - Birou Relații Servicii Secrete Străine; B.S.P.I.I. - Biroul Studiu Presă Internă și Internațională; C.P.C.C. - Comisia Parlamentară Comună de Control (a D.G.S.I.); C.G.C. - Comisia Guvernamentală de Control; C.C.P. - Comisia de Control a Prefecturii; P.J.P. - Persoane Juridice Private SRL - Cod CAEN 7460; D.P. - Detectivi Particulari; D - Denunțuri; D.C.D.E.T.O. - Departamentul Cercetare Dotare și Exploatare Tehnică Operativă; I.C.D.T.O. - Institutul de Cercetare și Dotare Tehnică Operativă (TO); B.C.I.E. - Biroul Comercial Import Export; S.R.I. - Serviciul Rețele Informative; S.C.S. - Servicii Comunicații Secrete; S.I.R.T. - Servicii Interceptări Radio-Telefonice; S.I.C. - Servicii Interceptări Corespondență; S.P.S. - Servicii Poștă Specială; S.P. - Servicii Protocol; B.A.T. - Brigada Antiteroristă; S.R.U. - Serviciul Resurse Umane; S.R.F. - Serviciul Resurse Financiare; S.F.C. - Serviciul Financiar, Contabilitate; S.I.C.S. - Servicii Învățământ Cultură și Sport; S.S. - Serviciul Sanitar; S.T. - Servicii Transporturi; S.A. - Servicii Administrativ; A.C.M.R.R. - Asociația Cadrelor Militare în Rezervă și Retragere; S.S.I. - Serviciul Supraveghere Informații; C.N.S.A.S. - Consiliul Național pentru Studierea Arhivelor D.S.S.; S.C. - Societatea Civilă; A.P. - Avocatul Poporului; C.S.A.T. - Consiliul Suprem de Apărare a Țării; B.P. - Birou de Presă; D.P.O.P. - Departament Pază și Ordine Publică; D.A.C. - Departamentul Apărării Civile; D.A.P. - Departamentul Administrației Publice; M.M.I.I. - Mass-Media Internă și Internațională; B.R.P. - Biroul Relații cu Publicul

———→ - Subordonare directă; ——◄ - Colaborare; ◦──▶ - Drept de Control

România Liberă
01.02.2002

Două proiecte care vor să îmbunătăţească Legea sguranţei naţionale milit

Unificarea serviciilor

Reformarea serviciilor secrete româneşti n-a depăşit încă, după doi ani de guvernare a fostei opoziţii, faza de proiect. În fapt, nu s-a trecut de la cosmetizarea pedepseristă a Securităţii la reforma promisă de noua putere. Cu excepţia schimbării câtorva şefi de servicii secrete şi a desfiinţării UM 0215 nu s-au înregistrat schimbări semnificative în domeniul atât de important al siguranţei naţionale. Legislaţia în domeniu, strâmb croită de urmaşii lui Ceauşescu, a permis şi permite în continuare încălcarea drepturilor şi libertăţilor cetăţeneşti, perpetuarea corupţiei şi a crimei organizate, apariţia unui cartel al informaţiei subordonat unor grupuri de interese ce sărăcesc progresiv şi ireversibil economia naţională. Informaţia e o marfă extrem de scumpă însă, în România, serviciile secrete n-au reuşit până azi să-i blocheze scurgerea înspre capii economiei subterane. E de presupus că poliţia politică şi-a schimbat stăpânul şi a trecut deja în arsenalul economiei şi al politicii economice paralele. Serviciile secrete române au funcţionat multă vreme cu sindromul poliţiei politice. Lista abuzurilor comise la umbra Legii siguranţei naţionale este impresionantă: de la urmărirea şi supravegherea adversarilor politici, a oamenilor de afaceri şi a ziariştilor, până la implicarea directă în afaceri proprii şi în relaţii aducătoare de profit pentru mai-marii serviciilor secrete sau ai puterii. Practicile oculte ale serviciilor noastre secrete continuă din

nefericire şi astăzi, ultimele scandaluri postnoiembriste confirmând implicarea unor ofiţeri de informaţii i afaceri fără legătură cu siguranţa naţională. Scandalurile Olurina, Ţigareta, Megapower, Aerofina, Grigoraş, Puma, Alexa sunt doar câteva dintre aceste implicări şi defecţiuni ale sistemului patronat de serviciile secrete româneşti. Este de presupus că, înapt, ele sunt cu mult mai multe, dar n-au fost încă dibuite de presă!

Încercările noii puteri de a stopa scurgerea de informaţii către zonele oculte ale societăţii şi de a restructura serviciile de informaţii s-au concretizat cu timiditate în câteva proiecte de lege discutabile şi insuficient elaborate pentru a rezolva/tranşa problema în discuţie.

Legea Ticu Dumitrescu, privind dosarele colaboratorilor fostei Securităţi, singura în măsură să dea startul reformării morale a societăţii, a fost călcată în picioare de parlamentari şi a rsformată într-un mutant legislativ, anulându-i-se ansul menirea. Legile SIE şi SPP sunt anemice şi irelevante în contextul actual al războiului informativ.

Proiectata lege a secretului de stat are deja vicii fundamentale pe care presa le-a indicat cu destulă îngrijorai, iar "răspunderea ministerială" aşteaptă şi ea momentul trezirii parlamentare.

Reformarea acestor servicii cu tâtu-politic este îngreunată, în fapt, de marile interese ale politicienilor cmboviţeni implicaţi în afaceri şi relaţii mafiote cu rechinii tranziţiei.

Legea Nică

Cu toate acestea, o nouă iniţiativă legislativă, aparţinând deputatului PNŢCD Mihail Nică, a fost înregistrată luna trecută la Biroul Permanent al Camerii Deputaţilor. Propunerea ţărănistă vizează înlocuirea actualei Legi a siguranţei naţionale, lege ale cărei reglementări, afirmă deputatul Nică, intră în contradicţie cu principiile şi prevederile Constituţiei României în ceea ce priveşte drepturile şi libertăţile cetăţeneşti.

Noul proiect de lege a siguranţei naţionale aduce câteva modificări de fond ale competenţelor serviciilor secrete, abordând oarecum dintr-o altă perspectivă conceptul de siguranţă naţională. Dacă în Legea 51/91 siguranţa naţională era definită ca fiind "starea de legalitate, de echilibru (...) necesară existenţei şi dezvoltării statului etc , etc ," în proiectul Nică a apare "ca fiind necesitatea menţinerii şi dezvoltării statului. De asemenea, dintre valorile "fetale de siguranţă naţională dispare ordinea de drept", ce trebuie menţionat a fi o specifică politică, introducându-se noţiunea de "stat de drept" care este "valoarea reală a fundamentată ce de natură celor de "stat naţional, suveran şi independent, unitar şi indivizibil"

Comunitatea de Informaţii

Marea noutate adusă de Legea Nică este cea privind coordonarea unitară şi eficientă a informaţiilor, absentă azi, prin înfiinţarea organismului numit "Comunitatea de Informaţii". Aceasta este definită ca fiind "totalitatea instituţiilor abilitate prin lege să desfăşoare activităţi în domeniul siguranţei naţionale" (art. 4). Instituţiile abilitate prevăzute concret sunt SRI şi SIE (ca "autorităţi administrative autonome specializate în domeniul siguranţei naţionale"), SPP şi STS (ca "organe de specialitate cu atribuţii în domeniul siguranţei naţionale"), precum şi "structurile interne de informaţii departamentale din subordinea MApN, MI, MJ şi Ministerului Finanţelor" (art 23). Se preconizează aşadar înfiinţarea unui nou serviciu secret în cadrul Ministerului Finanţelor. Despre aceasta, deputatul Mihai Nică ne-a declarat: Va trebui să dezvoltăm un sistem de informaţii în cadrul Ministerului Finanţelor unde azi nu avem o astfel de structură, deci să tăm voie să MF să strângă informaţii n domeniul strict financiar. De altfel, nu infornăm ce s-au legea privind spăla-

rea banilor care este în faza finală şi prevede, printre altele, constituirea unei astfel de instituţii informative care să strângă informaţii numai pe domeniul financiar-bancar pentru că şi aici încep să apară atingeri la nivelul siguranţei naţionale". Declaraţia dui Nică făcută luna trecută, s-a concretizat deja. Nu de mult a fost promulgată Legea spălării banilor ("Legea pentru prevenirea şi sancţionarea spălării banilor") atât de necesară în lupta contra criminalităţii financiar-bancare. Prin lege a fost înfiinţat un nou serviciu de informaţii, subordonat executivului, serviciu numit Oficiul Naţional de Prevenire şi Combatere a Spălării Banilor (ONPCSB) Oficial sunt, aşadar, zece servicii secrete (SRI, SIE, SPP, STS, MApN-2, MI-2, MJ, MF) care vor intra sub cupola Comunităţii de Informaţii (C.I.). De remarcat că şapte dintre acestea se află în subordinea guvernului. Principiile de funcţionare ale C.I vor fi "coordonarea unitară, execuţia descentralizată, cooperarea şi complementaritatea" (art 25). Va fi însă acesta un nou pol de putere în România, asemeni fostului DSS? Autorul proiectului ne asigură că nu pentru că aici nu este vorba de o structură de tip administrativ. Nici în Statele Unite nu este de tip administrativ şi nici în alte părţi, deci nicăieri în lume nu se creează acest pol de putere şi nici prin legea mea nu propun crearea unui asemenea pol"

Restructurarea CSAT

Conform articolului 27 al proiectului Nică, "activitatea Comunităţii de Informaţii este organizată şi coordonată în mod unitar de către Consiliul Suprem de Apărare a Ţării" Numai că acest organism este în imposibilitate de a prelua, în actuala structură, atribuţiile impuse de coordonarea Comunităţii de Informaţii "în momentul de faţă, afirmă deputatul Nică, legea privind CSAT este nu numai ante- ci şi anti-constituţională. Ea a fost elaborată înainte Constituţiei. Prin legea CSAT se afirmă că acesta elaborează hotărâri care trebuie respectate de restul organismelor Deci are o anumită putere în domeniul legislativ şi nu e bine. Atunci, când a apărut legea, nu era altceva. În momentul de faţă aici se încalcă Constituţia şi deci va trebui acum să se elaboreze o nouă lege a CSAT În clipa de faţă am intrat în partea a doua cu legislaţia în domeniul apărării şi siguranţei naţionale. Practic le avem pe toate, începem o lege a siguranţei

naţionale şi va trebui să luăm la mână toate legile care au legătură aici". Proiectul Nică propune, implicit, transformarea CSAT într-un organism lucrativ, funcţional. Concret, se propune crearea unui aparat tehnic pentru preluarea operativă a sarcinilor impuse de proiectata lege. "Organizarea, funcţionarea şi atribuţiile substructurilor funcţionale şi de deservire ale Comunităţii de Informaţii se aprobă de către CSAT în limita a 9 posturi Acestea vor fi încadrate cu specialişti în domeniul muncii de informaţii şi vor funcţiona ca organe de specialitate ale CSAT în cadrul Preşedinţiei Românei" (art 29). Lărgirea atribuţiilor CSAT este deci o altă noutate a Legii Nică. "La Legea siguranţei naţionale eu am propus 9 posturi, afirmă Mihail Nică: Le dau oameni care să lucreze. Ei ce trebuie să facă? Pe de o parte, serviciile de informaţii strâng informaţii, fac şi ei sinteze, dar sunt servicii independente care obţin infor-

maţii din surse diferite şi trebuie să am ista persoane care să le pună la un ap. Pe de altă parte, trebuie să dan iniva de lucru acestor servicii de aiormaţii. dom'le ce-mi trebuie mie entru ţară? Guvernul vrea nişte icruri, preşedinţia la fel, Parlamentul la pr (...). Şi atunci CSAT va fi cel care va da crerele generale de lucru serviciilor de aformaţii". (art 30. pct a).

Ameninţările la adresa siguranţei naţionale

Lista ameninţărilor la adresa siguranţei naţionale, înscrise în noul proiect, o completează şi extinde pe cea deja cunoscută. Astfel, se înregistrează faptul nou cum sunt: "Actele de corupţie în domenii publice, comerciale ai financiar-bancare, precum şi alte brme ale crimei organizate care, prin implicarea şi scopurile lor, sunt de natură să aducă atingere siguranţei naţio-

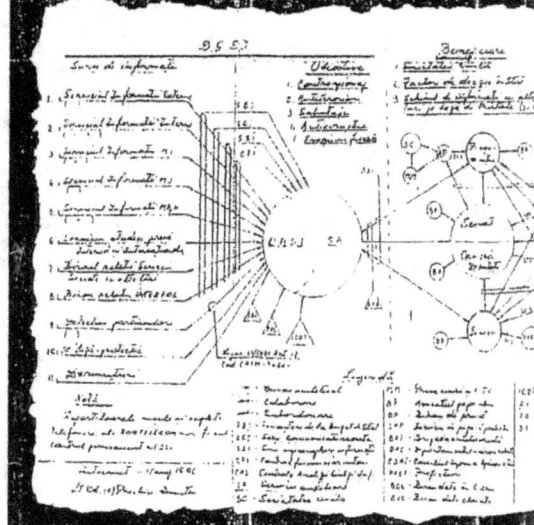

naï [art 22. ç răspândirea, pr daţi sau infor falsificate, dec de atingere rel. piloi inter ... 22. pct B, ... naţionalis .ni (...) care orice formă, or roc uiul naţional unri ai şi indiv precum şi prop nsemenen ac)

Răspunde neutilizar

Proiectul i duti. , răspund eficientă a inf de alte servic public prevăz ale informaţii n.n.), cărora I format din oo nale, sunt oblig urgant posibil îniturare a a siguranţei naţi formaţiile pr nica lor şi s acesta organ sizat" (art 42) o rezolvare a r gistrate în ubr tim , util de câl de lui individ proierat, din in să gnire conţ chi r să afirme cre e nu şi-au

Întărirea ri asupra activită nu s-a dovedit aşti deoarece noi depuneam .naç în stare de co ine stare de co pirtuhe, posib ius dicări ale ui . De aceea se accedarea posi

EVENIMENT

...tățească Legea siguranței naționale militează pentru același lucru:

...i serviciilor secrete

nefericire și astăzi, ultimele scandaluri postnoiembriste confirmând implicarea unor ofițeri de informații i afaceri fără legătură cu siguranța națională. Scandalurile Olumna, Țigareta, Megapower, Aerofina, Grigoraș, Puma, Alexa sînt doar cîteva dintre aceste implicări și defecțiuni ale sistemului patronat de serviciile secrete românești. Este de presupus că, înapt, ele sînt cu mult mai multe, dar n-au fost încă dibuite de presă.

Încercările noii puteri de a stopa scurgerea de informații către zonele ocuite ale societății și de a restructura serviciile de informații s-au concretizat cu timiditate în cîteva proiecte de lege discutabile și insuficient elaborate pentru a rezolva ranșant problema în discuție.

Legea Ticu Dumitrescu, privind dosarele colaboratorilor fostei Securități, singura în măsură să dea startul refacerii morale a societății, a fost călcată în picioare de parlamentari și transformată într-un mutant legislativ, anulându-i-se astfel menirea. Legile SIE și SPP sînt anemice și irelevante în contextul acual al războiului informativ. Proiectata lege a secretului de stat ar două vicii fundamentale pe care presa le-a indicat cu destulă îngrijorare, iar "răspunderea ministerială" așteaptă și ea momentul trezirii parlamentare.

Reformarea acestor servicii cu tentă politic este îngreunată, în fapt, de marile interese ale politicienilor îmbovățeni implicați în afaceri și relații mafiote cu rechinii tranziției.

naționalo și va trebui să luăm în mînă toate legile care au legătură aici". Proiectul Nică propune, implicit, transformarea CSAT într-un organism lucrativ, funcțional. Concret, se propune crearea unui aparat tehnic pentru preluarea operativă a sarcinilor impuse de proiectata lege. "Organizarea, funcționarea și atribuțiile substructurilor funcționale și de deservire ale Comunității de Informații se aprobă de către CSAT în limita a 9 posturi Acestea vor fi încadrate cu specialiști în domeniul muncii de informații și vor funcționa ca organe de specialitate ale CSAT în cadrul Președinției României" (art 29). Lărgirea atribuțiilor CSAT este deci o altă noutate a Legii Nică. "La Legea siguranței naționale eu am propus 9 posturi, afirmă Mihai Nică: Le dau oameni care să lucreze. Ei ce trebuie să facă? Pe de o parte, serviciile de informații string informații, fac și-și sinteze, dar sînt servicii independente care obțin infor-

nații din surse diferite și trebuie să am ista persoane care să le pună la cap la ap. Pe de altă parte, trebuie să dea înnviu de lucru acestor servicii de nformații: dom'le ce-mi trebuie mie pentru țară? Guvernul vrea niște icruri, președinția la fel, Parlamentul la ... Și atunci CSAT va fi cel care va da amele generale de lucru serviciilor de nformații". (art 30, pct a).

Amenințările la adresa siguranței naționale

Lista amenințărilor la adresa siguanței naționale, înscrise în noul proect, o completează și extinde pe cna lea cunoscută. Astfel, se înregistrează menințări noi cum sînt: "Actele de coupție în domenii publice, comerciale i financiar-bancare, precum și alte brme ale crimei organizate care, prin imploarea și scopurile lor, sînt de na-fură să aducă atingere siguranței națio-

nală" (art 22, pct 6), "comunicarea sau răspîndirea, prin orice mijloace, de știri, dați sau informații false ori documente lalsificate, dacă fapta este de natură să adh.că atingere siguranței naționale sau relațiilor internaționale ale României (art 22, pct 6), "inițierea (...) acțiunilor (...) autonomiste pe criterii etnice, religioase (...) care pot pune în pericol, sub orice formă, ordinea constituțională, caracterul național, suveran, independent, unitar și indivizibil al statului român, precum și propaganda în sprijinul unor asemenea acțiuni" (art 22, pct 11)

Răspunderea pentru neutilizarea informațiilor

Proiectul instituie, pentru prima dată, răspunderea privind neutilizarea eficientă a informațiilor furnizate legal de către serviciile secrete. "Autoritățile publice prevăzute la art 39 (beneficiare ale informațiilor serviciilor secrete n.n.), cărora le-au fost comunicate informații din domeniul siguranței naționale, sînt obligate să dispună, cît mai urgent posibil, măsuri de prevenire și înlăturare a amenințărilor la adresa siguranței naționale semnalate prin informațiile primite și să asigure independența lor și să încunoștiințeze despre aceasta organele de stat care le-au sesizat" (art 42). Această prevedere este o rezolvare a unei grave probleme înregistrate în ultimii ani: deși informații în timp, util de către serviciile de informații, dețiui indivizi cu putere de decizie nu preterat, din interes sau incompetență, să ignore conținutul acelor informări și chiar să afirme ulterior că serviciile secrete nu și-au făcut datoria.

Întărirea controlului parlamentar asupra activității serviciilor de informații nu s-a dovedit pînă acum eficient. Și asta deoarece singurul control se poate face doar prin buget, comisiile portare de control avînd, prin această pîrghie, posibilitatea să ceară totuși justificări ale unor acțiuni ce interesează. De aceea este o imensă greșeală acordarea posibilității serviciilor secrete

de a desfășura activități economice proprii, lucru care a dus și duce la abuzuri majore în activitatea de informații și la o periculoasă independență a acestora. Și acesta este unul dintre motivele corupției din SRI (a nu se uita afacerile Țigareta I-II, Puma, Diaconescu, Măgureanu, Gioni Popescu etc). În proiectul Nică nu apare din păcate interzicerea explicită a acestor tipuri de activități, cum, de asemenea, nu sînt clar prevăzute atribuțiile celor șapte structuri informative departamentale și nici modul de control al activității acestora.

O alternativă: propunerea Prichici

O propunere interesantă de reorganizare a serviciilor secrete îi aparține lui Dumitru Prichici, fost ofițer din securitate în domeniul tehnic pînă în 1987, iar după 1990 membru PNȚCD. Acesta, pentru a evita folosirea serviciilor de informații în interese politice sau de grup, propune direcționarea tuturor informațiilor furnizate de către serviciile secrete și celelalte surse informative către un organism instituțional numit Centrala de Analiză și Sinteză a Informațiilor (CASI). Compusă din profesioniști în domeniu, cu o corespunzătoare dotare tehnică. CASI, împreună cu cîteva servicii auxiliare (Supravegherea Serviciilor de Informații-SSI, Serviciul Comunicații Secrete-SCS), ar constitui Direcția Generală a Serviciilor de Informații (DGSI) - vezi facsimil. Altfel spus se propune "unificarea actualelor structuri informativ-operative legal constituite pe plan intern" sub cupola DGSI, respectîndu-se autonomia componentelor, dar utilizîndu-se eficient printr-o direcționare promptă și calificată către beneficiarul de drept toate informațiile necesare.

Organizarea, finanțarea și controlul DGSI ar fi de competența parlamentului, iar numirea conducerii profesionale și administrative a acesteia s-ar face la nivelul CSAT prin vot deschis al președintelui României, președinților celor două Camere ale parlamentului, primului-ministru și Avocatului Poporului. De asemenea dreptul de coordonare și control al DGSI îl are președintele țării - în calitate de președinte CSAT - prin consilierii săi, și parlamentul - prin comisiile de specialitate.

Prin acest proiect, întocmit încă din luna august 1996, Dumitru Prichici consideră că va fi eficientizată radical activitatea informativ operativă care poate garanta siguranța națională a României "prin reducerea timpului de obținere, analiză, comunicare, valorificare la nivelul factorilor de decizie și stocare a unui număr mărit de informații. La baza eficientizării acestei activități stau principii și regulamente de necontestat, cum sînt: probitatea morală și profesională a efectivelor din DGSI; controlul privind veridicitatea informațiilor, credibilitatea sursei și comunicarea ei în timp util spre analizarea și transmiterea acesteia factorilor de decizie, control efectuat de ofițeri specializați ai CASI din biroul Supraveghere Servicii Informații, eliminîndu-se posibilitatea scurgerilor de informații, blocarea, trunchierea, denaturarea sau comercializarea informațiilor în scopul șantajării sau al obținerii unor avantaje materiale".

Din motive necunoscute, Ionescu Galbeni - președintele Comisiei parlamentare de supraveghere a SRI - a refuzat o discuție cu Prichici pe această temă, deși în legislatura trecută deputatul țărănist era un critic acerb al abuzurilor comise de SRI. **DAN BADEA**

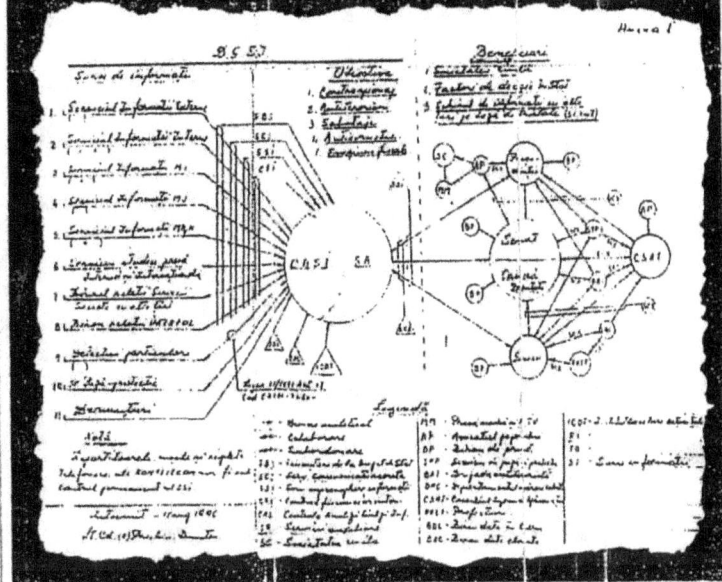

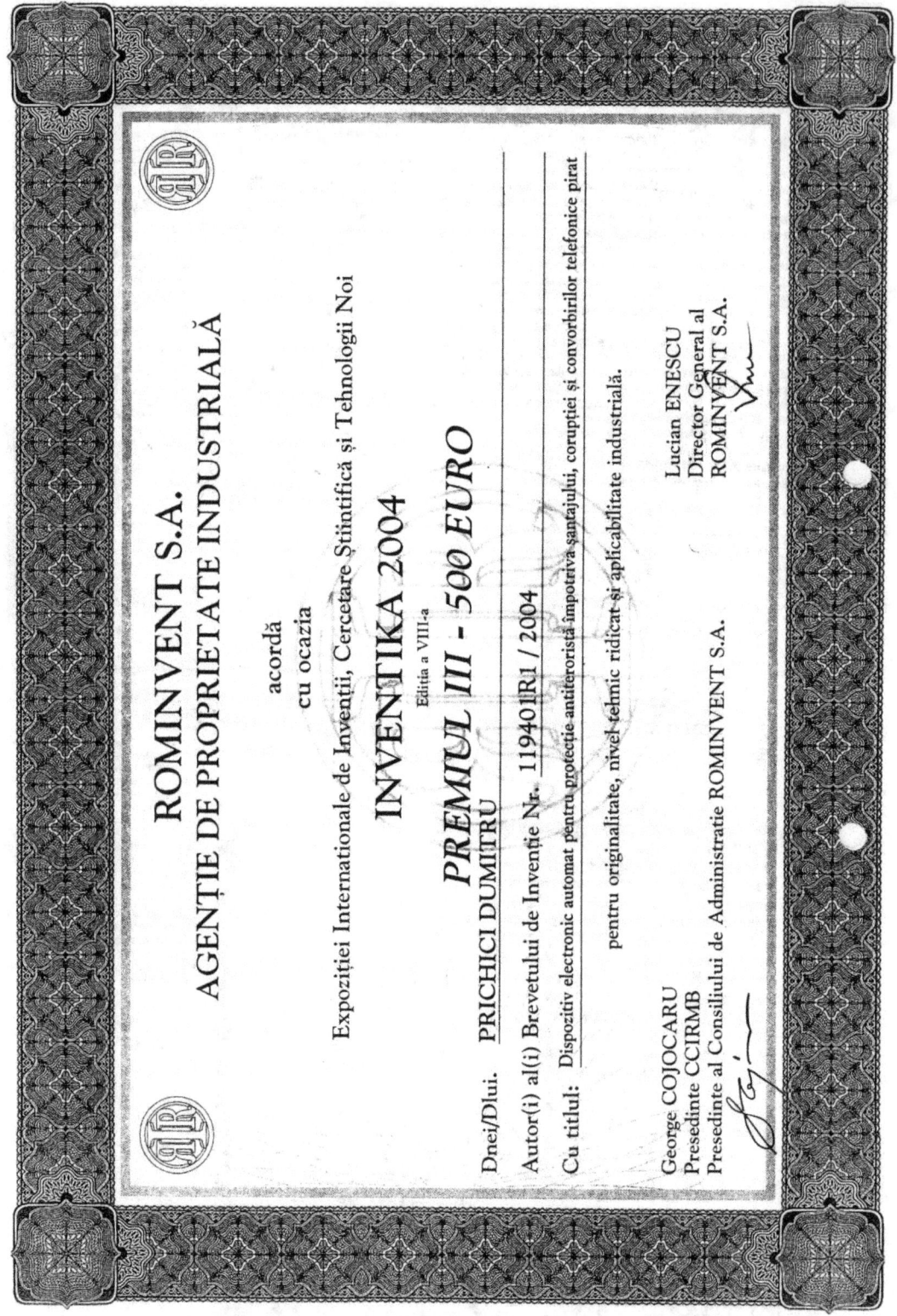

ROMINVENT S.A.
AGENȚIE DE PROPRIETATE INDUSTRIALĂ

acordă
cu ocazia

Expozitiei Internationale de Invenții, Cercetare Științifică și Tehnologii Noi

INVENTIKA 2004
Ediția a VIII-a

PREMIUL III - 500 EURO

Dnei/Dlui.   PRICHICI DUMITRU

Autor(i) al(i) Brevetului de Invenție Nr. 119401/R1 / 2004

Cu titlul: Dispozitiv electronic automat pentru protecție antiteroristă împotriva șantajului, corupției și convorbirilor telefonice pirat

pentru originalitate, nivel tehnic ridicat și aplicabilitate industrială.

George COJOCARU
Presedinte CCIRMB
Presedinte al Consiliului de Administrație ROMINVENT S.A.

Lucian ENESCU
Director General al
ROMINVENT S.A.

124

(19) OFICIUL DE STAT
PENTRU INVENȚII ȘI MĂRCI
București

ROMANIA

(11) Nr. brevet: **119401 B1**
(51) Int.Cl.7 **H 04 M 1/656;**
H 04 M 1/66; H 04 M 11/02;
H 04 L 9/32   *Anexa*

(12) BREVET DE INVENȚIE

Hotărârea de acordare a brevetului de invenție poate fi revocată în termen de 6 luni de la data publicării

(21) Nr. cerere: **a 2001 01400**	(61) Perfecționare la brevet: Nr.
(22) Data de depozit: **27.12.2001**	(62) Divizată din cererea: Nr.
(30) Prioritate:	(86) Cerere internațională PCT: Nr.
(41) Data publicării cererii: 30.05.2002 BOPI nr. 5/2002	(87) Publicare internațională: Nr.
(42) Data publicării hotărârii de acordare a brevetului: 30.08.2004 BOPI nr. 8/2004	(56) Documente din stadiul tehnicii: DE 3335013; FR 2603148
(45) Data eliberării și publicării brevetului: BOPI nr.	

(71) Solicitant:	PRICHICI DUMITRU, BUCUREȘTI, RO
(73) Titular:	PRICHICI DUMITRU, BUCUREȘTI, RO
(72) Inventatori:	PRICHICI DUMITRU, BUCUREȘTI, RO
(74) Mandatar:	

(54) DISPOZITIV ELECTRONIC, AUTOMAT, PENTRU PROTECȚIE ANTITERORISTĂ ÎMPOTRIVA ȘANTAJULUI, CORUPȚIEI ȘI A CONVORBIRILOR TELEFONICE PIRAT

(57) **Rezumat:** Invenția se referă la un dispozitiv electronic, automat, pentru protecția antiteroristă împotriva șantajului, corupției și a convorbirilor telefonice pirat, efectuate pe o linie telefonică privată. Dispozitivul conform invenției utilizează tensiunea continuă și alternativă din linia telefonică, pentru comanda stărilor de alarmă optică și acustică și de înregistrare a acestora. Dispozitivul este alcătuit dintr-un bloc electronic (A), pentru preluarea semnalului audio din linia telefonică, un bloc electronic (B) de semnalizare optică și acustică, a stării de lucru sau repaus a liniei telefonice, și un bloc electronic (C), pentru furnizarea tensiunii de alimentare de la rețeaua electrică 220 v/50 Hz sau de la niște baterii electrice de 4,5 V.

Revendicări: 1
Figuri: 2

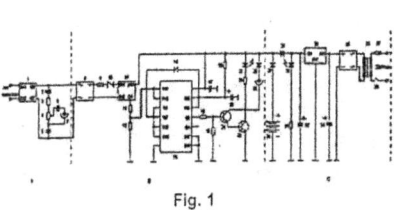

Fig. 1

RO 119401 B1

125

EPILOG

După 70 de ani de luptă împotriva caracatiţei marxist-leniniste, finanţată de marii bancheri ai lumii la începutul secolului XX, a căror nume şi ţări de origine nu merită a fi amintite, pentru cât rău au făcut unei mari părţi a omenirii, toate naţiile de pe tot pământul au dat obolul de sânge şi vieţi omeneşti nevinovate, pentru dobândirea SUPREMAŢIEI MONDIALE, fie de orgolioşii socialişti naţionalişti germani, fie de orgolioşii marxişti-leninişti ruşi.

Conflictul s-a încheiat în oct. 1946, prin Conferinţa de pace de la Paris, în urma căreia România a fost considerată stat înfrânt, suportând pe lângă despăgubirile de război şi pierderea Basarabiei, Bucovinei de Nord, cel mai grav fiind pierderea a cel puţin 150.000 de ostaşi, a libertăţii şi suveranităţii românilor în ţara lor, fiind conduşi de Moscova ca o colonie.

O mare pierdere pentru români a fost refuzul Moscovei de a accepta ajutorul de război oferit de SUA pentru reconstruirea României după război, refuzat de Guvernul Moscovit instalat la Bucureşti în luna iulie 1947.

A urmat o perioadă de 45 de ani de război rece, instalat la nivel global, între statele pro-sovietice şi pro-occidentale, împărţite de corifeii marilor puteri care au câştigat războiul.

Nu voi face apologia suferinţelor noastre, a românilor care au copilărit, au crescut şi au muncit în LAGĂRUL SOCIALIST, pentru că este greu de înţeles de actuala tânără generaţie, deşi ar avea multe lecţii de viaţă de auzit sau de văzut în filmele epocii şi voi aminti cele mai grave erori cu premeditare săvârşite din ziua de 22 decembrie 1989 şi până în prezent, de conducătorii ROMÂNIEI, pe care îi voi împărţi în două categorii, astfel:

1.Conducători de profesie activişti PCR, experimentaţi în organizarea, instruirea, dezinformarea, infiltrarea în rândul opozanţilor politici şi manipularea lor în scopul dezbinării acelor grupări, asociaţii sau partide politice adversarele PCR-iștilor, obligați să raporteze succesele în dezbinarea de regulă a conducătorilor acestor asociații sau partide politice.

Acești activiști de profesie, alcătuiau echipe de oameni nevoiași și ușor de racolat pentru manifestări gălăgioase, pentru huiduirea și batjocorirea oamenilor cu funcții mari în Instituții importante sau în conducerile Partidelor politice autentic-democratice, mergând până la simularea unor bătăi, distrugeri de bunuri materiale.

Arsenalul metodelor și mijloacelor folosite fiind mult mai vast, nu voi insista.

APROPO, mai zilele trecute, cam pe 27-28 martie a.c. am citit pe manșeta ecranului televizorului meu, un anunț din partea tov. Ion Iliescu către tinerii socialiști, să iasă și ei în stradă, probabil să combată manifestarea contra deciziei Parlamentului României de a-l proteja pe Senatorul Dan Șova în relația cu DNA.

Halal instigare, pardon, mobilizare nea Ioane, mai ai să chemi minerii!

2. În contrast cu cei de la punctul 1, la punctul 2 sunt cei care sunt vizați ca subiect de tratat cu metodele și mijloacele staliniste amintite, atât timp cât este necesar până la o anumită oră sau dată, pentru descurajarea lor definitivă și irevocabilă.

Consider suficientă reclama făcută profesiei lor, voi trece la subiectele cele mai arzătoare, pentru readucerea pe linia de plutire a epavei sub pavilionul numit România.

Dacă titlul acestei cărți și fabula de pe coperta spate spun un adevăr, cred că pot determina pe oricare cititor să se întrebe, cum a fost posibil să fie abuzați cei șase milioane de votanți permanenți, care au ascultat discursurile lui Ion Iliescu, au crezut ce spune, au sperat să trăiască în România PROSPERĂ cu DEMNITATE.

Răspunsul este surprinzător de simplu, este arma de bază a comunismului, de a pătrunde în conștiința și sufletele celor naive, numită „MINCIUNA", știut fiind că necunoașterea, neinfomarea permanentă din diferite motive, puterea de a decide a fiecăruia pentru el, pentru familia lui, pentru semenii lui, este nulă.

MINCIUNA, oferită de indivizi cu talent de genul celor văzuți atât pe ecranele televiziunilor, cât și pe internet, ascultați pe posturile de radio și citiți în presa scrisă, zi de zi până la subordonarea lor involuntară, determinându-i fie să se înscrie în organizația sau partidul propagandist al minciunilor, să-i voteze și să-i ajute moral și financiar în speranța obținerii unui loc de muncă sau funcții importante, pentru cei dornici de putere, de preamărire.

FURTUL, ca sursă de îmbogățire a celor fără profesii onorabile, fără șanse să trăiască în „prosperitate cu demnitate", apelează la acest nărav cunoscut de când e lumea și utilizat de conducători de partide și chiar de state precum Ion Iliescu, ajuns în palate în funcții supreme.

Și de aceastā dată a aplicat veșnica lui metodă, MINCIUNA, spusă haitei de politicieni flămânzi prin lozinca „cine mă votează îl las să fure" și credulii l-au crezut, s-au înfipt ca niște căpușe, au supt tot ce s-a putut, umflându-și conturile și burțile, până în ziua în care Ion al lui Iliescu tot KGB-ist, nu a mai avut putere să-i apere de cei vlăguiți, trezindu-se din postura de CĂPUȘA direct în CĂTUȘE.

FURTUL este un nărav întâlnit la mulți politicieni de pe eșichierul politic din România, dovedit prin furtul tacit de către doamna parlamentar Daniela Buruiană, membră a Partidului România Mare, reclamată de subsemnatul presei libere, ziarului Evenimentul Zilei din 27. 04. 2002 (anexat), sub titlul „Bătaie pe modificarea Legii Siguranței Naționale".

Exemple:

Prevederile Art. 11, Cap. II, Măsuri de prevenire, din propunerea legislativă (anexată) la prezenta pravilă, prevede la punctual 1, „În cazul încălcării cu sau fără premeditare a prevederilor Art. 3 din prezenta lege, DGSI va interveni și va avertiza în scris persoana în cauză, în cazul continuării faptei, pedeapsa se va dubla.

Scopul acestei prevederi a fost schimbat de politicieni încă necunoscuți, în cel mai descalificant sens pentru „EI", folosindu-l în sensul prevenirii făptașilor, a celor ce aveau intenția de a săvârși un atentat, o ilegalitate, prin atenționarea verbală a acestora, în sensul „Vezi că ești interceptat, supra-vegheat, schimbă numărul de telefon".

Un gest și mai comic a fost incapacitatea constatată a oricărui politician român în viață, de a înțelege sensul acelei litere din lege „D", poziția 20 din tabelul abrevierilor (anexa 2) la legile propuse și anexate, se referă la „Denunțurile privind faptele antisociale, antinaționale", a căror denunțători nu solicită decât „Reparația morală și materială, după caz, a fiecărui denunțător", în scris.

Scopul acestei propuneri a fost grav modificat de politicieni, ajungân-du-se la formularea unor anunțuri publice pentru angajarea de către Consiliul concurenței, a unor informatori plătiți, denunțători de profesie, adică de turnători, plătiți pe state de plată, probabil impozitate ca profesioniști.

Sursele de informații în noua propunere legislativă anexată sunt prevăzute în Anexa 3 la Legea Siguranței Naționale, la Art. 2, sub control direct al DGSI, care garantează nu doar veridicitatea informației, cât și confidențialitatea lor, în plus, pentru liniștea opiniei publice, în noul proiect nu se apelează la acea categorie socială a informatorilor plătiți sau prin șantaj, prin exploatarea slăbiciunilor firii oamenilor, pasiunilor lor firești, condamnate de noile legi propuse.

SFÂRȘIT

CUPRINS